全国小学生校园美文精品集萃丛书

七色阳光小少年

牵着炊烟的手

《语文报》编写组 编

时代文艺出版社

图书在版编目（CIP）数据

牵着炊烟的手/《语文报》编写组编. —长春：时代文艺出版社，2018.8（2023.6重印）
（"七色阳光小少年"全国小学生校园美文精品集萃丛书）

ISBN 978-7-5387-5883-2

Ⅰ.①牵… Ⅱ.①语… Ⅲ.①作文－小学－选集 Ⅳ.①H194.4

中国版本图书馆CIP数据核字（2018）第117001号

出 品 人	陈 琛
产品总监	郭力家
责任编辑	焦 瑛
装帧设计	孙 利
排版制作	隋淑凤

本书著作权、版式和装帧设计受国际版权公约和中华人民共和国著作权法保护
本书所有文字、图片和示意图等专有使用权为时代文艺出版社所有
未事先获得时代文艺出版社许可
本书的任何部分不得以图表、电子、影印、缩拍、录音和其他任何手段
进行复制和转载，违者必究

牵着炊烟的手

《语文报》编写组 编

出版发行/时代文艺出版社
地址/长春市福祉大路5788号　龙腾国际大厦A座15层　邮编/130118
总编办/0431-81629751　发行部/0431-81629758
官方微博/weibo.com/tlapress
印刷/北京一鑫印务有限责任公司
开本/700mm×980mm　1/16　字数/153千字　印张/11
版次/2018年8月第1版　印次/2023年6月第5次印刷　定价/34.80元

图书如有印装错误　请寄回印厂调换

编委会

主　　编：刘应伦

编　　委：刘应伦　赵　静　李音霞
　　　　　郭　斐　刘瑞霞　王素红
　　　　　金星闪　周　起　华晓隽
　　　　　何发祥　朱晓东　陈　颖
　　　　　段岩霞　刘学强

本册主编：冯洪丹　张崇爱

目 录

我的校园

校园春色 .... 邓 越 / 002

我爱我的学校 .... 涂依依 / 003

美丽的校园 .... 林若晨 / 004

我的校园 .... 吴善祺 / 005

秋·色 .... 张婧怡 / 006

秋·林 .... 罗宇惜 / 007

秋·收 .... 张家源 / 008

秋·游 .... 谢跃铭 / 009

陌生人的关爱 .... 魏冰玥 / 010

我的同桌 .... 曾敬依 / 012

我的同桌 .... 杨语希 / 013

我记忆深处的那个人 .... 罗婧辉 / 014

温暖的家 .... 陈思悦 / 016

暖心的牛奶 .... 范雨霞 / 017

我们班的"马大哈" .... 陈华逸 / 018

妈妈，谢谢您 .... 黄雨琪 / 020

那件囧事 .... 王馨恬 / 022

都是没加标点惹的祸 .... 吴 鹏 / 023

停水的启示 .... 邱晓琳 / 024

我爱家乡的稻田 .... 赖王子叶 / 025

荷塘月色 .... 杨浩文 / 027

竹之韵 .... 汤 可 / 028

我家楼下的荷花池 .... 廖宸仪 / 029

漂流瓶课堂的欢笑

打破思维的墙 .... 马若晗 / 032

饺子变身记 .... 张 越 / 033

换个角度看问题 .... 邢雅雯 / 035

多味的节日 .... 唐亦桐 / 036

国庆参观记 .... 余思东 / 038

喜气洋洋过春节 .... 房忆阳 / 039

有趣的秋游 .... 康哲俊 / 041

赏雨 .... 冰 荷 / 042

雨中寄景 .... 谢东桓 / 043

雨 .... 刘子羽 / 045

下雨了 .... 林 听 / 046

母爱无疆 .... 张 越 / 047

爱的味道 .... 陈思颖 / 048

可敬的老师 .... 陈润方 / 049

母爱的味道 .... 童宇衡 / 051

漂流瓶课堂的欢笑 .... 杨　婧 / 052

玩得真开心 .... 赖桢元 / 053

赏竹 .... 晓　鹿 / 055

一堂别开生面的综合实践课 .... 荞　苿 / 056

彩色的瞳仁

我的新语文老师 .... 廖雅煊 / 060

老师与我的约谈 .... 范露笛 / 061

彩色的瞳仁 .... 戴安玥 / 063

谢谢您，我敬爱的老师 .... 陈　瑜 / 064

我爱踢足球 .... 罗　皓 / 066

我和足球的故事 .... 初　夏 / 067

拥抱足球 .... 曹思洋 / 068

未来的教室 .... 吴俊辰 / 069

未来的房子 .... 廖梓恬 / 070

我的梦想 .... 林军杰 / 072

放飞梦想，扬帆起航 .... 伏　辰 / 073

奋斗让梦永不落 .... 依　夜 / 074

写给2035年的自己的一封信 .... 罗宇帆 / 076

我想去穿越历史 .... 杨振成 / 077

我是一棵树 .... 翁　歆 / 078

我愿化作一缕轻风 .... 陈语宸 / 080

我最想发明生活机器人 .... 张震宇 / 081

沁人心脾的清香

精彩的演出 ……… 廖雅煊 / 084

激动人心的运动会 ……… 卢 艺 / 085

前门进后门出 ……… 陈奕夫 / 086

精彩的接力赛 ……… 张皓禹 / 087

枯叶的启示 ……… 吴小燕 / 089

获奖的感觉真好 ……… 游一诺 / 090

妈妈笑了 ……… 李睿希 / 091

美丽的栈道 ……… 沐 风 / 092

校园春色 ……… 赵希妍 / 093

找春天 ……… 吴冠锋 / 094

春天的脚步 ……… 青 杏 / 096

春天的校园 ……… 夫 哥 / 097

秋天的念想 ……… 晨 曦 / 098

沁人心脾的清香 ……… 戴安玥 / 100

秋游将军山 ……… 林 听 / 101

特别的秋游 ……… 白 轩 / 102

从未有过的快感 ……… 沈泓林 / 103

那番话语 ……… 曜 灵 / 105

一堂神秘的语文课 ……… 游楚西 / 106

我想捏破鸡蛋 ……… 赵希妍 / 107

有一种努力叫诚信

我战胜了谎言 ……… 吴小燕 / 110

诚信比分数更重要 ……… 陈靖杭 / 111

还包的启示 ……… 王　妍 / 113

有一种努力叫诚信 ……… 陈泽森 / 114

无言的遗憾 ……… 陈　新 / 116

心中的锁 ……… 王馨恬 / 117

阅读，我的别样生活 ……… 叶林佛青 / 118

我阅读，我快乐 ……… 寒　莹 / 119

忆凉亭 ……… 墨　轩 / 120

与书为友，其乐无穷 ……… 谢东桓 / 122

一道灿烂的风景 ……… 李镇宇 / 123

家乡的黄昏 ……… 李欣悦 / 124

牵着炊烟的手 ……… 廖欣琳 / 125

摘蓝莓 ……… 张皓禹 / 126

蚂蚁的王国 ……… 梅一凡 / 127

有趣的科学课 ……… 林军杰 / 129

蚯蚓的选择 ……… 易荣鑫 / 130

有趣的和谐 ……… 林子捷 / 131

苗岭的早晨 ……… 邱　毅 / 132

《森林狂想曲》随想 ……… 陈秋蓉 / 133

森林音乐会 ……… 陈　新 / 134

月光下的音乐会 ……… 范雨霞 / 136

阳光下成长

秋·旅 ……… 黄翊瑄 / 140

难忘的下乡之旅 ……… 曾敬依 / 141

海之行 ……… 杨浩文 / 143

月下访友 ……… 冰 荷 / 144

台上的滋味 ……… 陈华逸 / 145

第一次上台 ……… 熊财乐 / 146

机会是给有准备的人 ……… 刘丽雅 / 148

我为自己歌唱 ……… 杨亦乔 / 149

别样的收获 ……… 洪可欣 / 150

让墨香溢满成长路 ……… 叶林佛青 / 152

漫漫学琴路 ……… 黄言晰 / 154

阳光下成长 ……… 王 妍 / 155

难忘那场火 ……… 郑舒怡 / 157

让生命的乐章悠扬 ……… 荠 茉 / 158

生命的力量 ……… 陈泽森 / 160

健康烟 ……… 范露笛 / 161

读《昆虫记》有感 ……… 黄诗雨 / 162

冲破命运的茧 ……… 江 敏 / 164

坚强是勇往直前的动力 ……… 范依晨 / 165

我的校园

　　我热爱我的学校,因为学校里的一草一木、一人一物都值得留恋和牵挂!当有一天不得不离开这里时,我会落泪。但是,我会擦干眼泪,扬起求学小舟的帆,继续远航……

校园春色

邓 越

春天的脚步近了！更近了！"好雨知时节，当春乃发生。"几场春雨过后，校园里一派生机勃勃。

教学楼空地上的老树旧枝冒出了新芽，贪婪地呼吸着春天的气息。一棵棵小草从土里钻了出来，为校园铺上了绿地毯。

一棵棵红花继木球树，像一个个小王子，又像一个个吃饱喝足的小胖子，整齐地排列在学校奋进路的两侧，不失严肃，而又呆萌，像极了我们严肃活泼的小男生。

朱蕉公主宽宽红红的叶子，像个胸怀宽广的小公主。它们亭亭玉立于教学楼过道，正张开双臂，好像在对过往的老师们说："您辛苦了！"它多像我们善解人意的小女生啊！

最冷漠的要数操场旁边花坛的白雪塔茶花。它雪白无瑕，几分孤傲，几分妖娆。瞧我这记性，怎把香水茶花姑娘忘了呢。那一棵棵粉红色的香水茶花，有如天天穿着粉红色舞裙的小姑娘，不冷不艳，端庄可人。一阵微风拂过，那香气沁人心脾，让人神清气爽。

校园里可爱的花草树木还有很多，它们带来了鸟语花香，带给了我们蓬勃的朝气。

我爱美丽的校园。

我爱我的学校

涂依依

提起我的学校，脑子里只剩下一个字——美。

清晨的校园是美的。校门口的大榕树，阳光透过繁密的枝叶闪闪发光。花丛中杜鹃花争先恐后地张开了花瓣，蜜蜂勤勉地在花丛中奔忙着。蝴蝶伴随着琅琅书声翩翩起舞，漫天音符飘洒，有时抑扬顿挫，有时音韵优美，好似百灵歌唱，还有时声线细腻，好似沙漏轮回。

课间的校园是美的。下课铃声一响，同学们如离巢的鸟儿一般飞到了操场上，大家整齐地排好队做操，音乐优美，同学们的动作更是优美，让嫩绿的草儿也忍不住舞动起来……玩耍时，操场上大家互相帮助，谁摔倒了就会有人去扶。谁的球滚远了，总有人帮忙拿一下。认识的、不认识的，大家在一起玩得不亦乐乎。友爱的浓情渐渐散发，欢声笑语回荡操场。

傍晚的校园是美的。榕树的影子越拉越长，成群结队的同学们走出了校园，整个学校万籁俱寂，几位年轻教师与老教师交流着工作经验，脸上洋溢着笑容。鸟儿在枝叶间嬉戏打闹，宛如两小无猜。小花小草也累了，疲惫地睡去，老师也渐渐回去了，候鸟晚归，大雁一字形排开，太阳渐渐地落下。校园又恢复了安静，渐渐地沉睡了。

这就是我们的校园，不仅景美，人更美，我爱我的校园。

美丽的校园

林若晨

巴溪湾小学位于市南区，它是一所新建的、现代化的学校，因坐落于美丽的巴溪湾河畔而得名。

来到学校的门口，你会看见它像一只正要展翅飞翔的小雄鹰，张开双翅，冲向蓝天。宽敞的大门两旁种着许多翠绿的竹子，为校门增添了无限生机。

走进校园，错落有致的三幢教学楼映入眼帘：最前面的一幢叫至真楼，后面依次为至善楼和至美楼。最引人注目的要数至诚广场右边那个又长又宽的阶梯了，两边种着各种各样的花草树木，为校园带来了生机。当我们在至城广场集合时，老师们常在阶梯中央循循善诱地教导我们。绕过广场，阶梯后面是一幢雄伟的大楼，共有九层楼，上面刻着三个金色的大字：实验楼。那是学校的办公室和音乐、信息教学楼。

漫步校园，你会发现，每幢建筑物之间都种满了各种绿色植物，有竹子、塔松、茶树……应有尽有。再看看那"竹苑舞台""金竹班级评比"等角落，家园般的气息扑面而来。来到我们那温馨的教室，先进的多媒体设备映入眼帘。教室的墙面上，有我们亲手做的手抄报布置的板报，书法作品，绘画作品等。还有各具特色的板块布置。如

"我要知道""我爱学习""我要进取"等,它凝聚着老师们的智慧,激励着我们更加努力地学习,在知识的海洋中不断去探索。

每天,我们迈着整齐的步伐走出校门,口中喊着震耳的口号:"虚怀、亮节!"那不正代表巴溪湾小学的校训校风吗?我要努力学习,为美丽的巴溪湾小学增添光彩!

我的校园

吴善祺

在我心中,学校是那么生机勃勃,热闹非凡。在我心中,校园是我们快乐健康成长的摇篮。

我的校园里荡漾着和谐的音符。三年级的时候,我摔了一跤,脚扎了个窟窿,苦不堪言,值班老师见了,像风一般跑了过来,急忙把我扶起来,眉头紧锁,担心地说:"你没事吧?"我痛得直咬牙。老师见我没说话,生怕待会儿流血过多,连忙把我带到医护室,与医生交流后,医生耐心细致地为我包扎。不久,老师把我扶到教室,便默默地离开了。

我的校园生活跳动着活跃的音符。学校里,每天书声琅琅,清脆动听。每天做作业时,"沙沙沙"的声响,让人心情愉快。音乐课时从教室里传来优美的歌声,让人陶醉,连黄鹂鸟都羡慕极了。美术课时,艺术与我们结为伙伴,一件件富有创意的小制作,出自我们灵巧的手。大课间做早操时,不管酷暑严寒,我们都尽情地展示我们飒爽的英姿和精神抖擞的面容，以强健的身体去迎接每一天的挑战。每天清晨，老师像位慈祥的母亲，张开双臂让我们入怀，当我们有点进步时，她总是用手抚摸我们的头，鼓励我们；当我们犯错误，落后的时候，老师会投来责备又宽容的眼神，用春风化雨般的爱来滋润我们这幼小的心灵。

学校给予我们什么呢？是知识！是前进的力量！我们从一个懵懂的孩子长大成优秀出色的少先队员，点滴进步都浸透着学校的心血。如果说我们是即将远航的小帆，那么学校就是一艘大船，载着我们越走越远，看到更广阔的天地。

我热爱我的学校，因为学校里的一草一木、一人一物都值得留恋和牵挂！当有一天不得不离开这里时，我会落泪。但是，我会擦干眼泪，扬起求学小舟的帆，继续远航……

秋·色

张婧怡

秋天有自己独特的美！

走进树林，一丛丛、一簇簇的枫叶映入眼帘。那火红的色彩那么可爱，那么迷人！哦，秋天是红色的！

清风吹来，各种形状的黄叶从银杏、梧桐、白杨和许多不知名的树上纷纷飘落，有的像蝴蝶翩翩起舞，有的像黄莺穿林而飞，还有的像舞蹈家轻盈地旋转……林间地上，一层厚厚的落叶，如一条巨大的黄地毯，直铺到树林深处。哦，秋天是黄色的！

　　白云飘过，天空显得特别的悠远，特别蓝，人间的万事万物都被笼罩在这蓝色之下。那湖水，那溪流，那远处高楼大厦的玻璃幕墙，都映出蔚蓝的色调。哦，秋天是蓝色的！

　　眺望原野，金色的稻田一片一片，一直蔓延到山那边，蔓延到看不见的地方，忙碌的人影定是带着喜悦的收获者。走近果园，橘子、柿子，果实累累。一眼望去，密密麻麻，到处金光闪闪。哦，秋天是金色的！

　　秋天，你是红色的吗？看，你把那满山的枫林染成了红色的云彩。

　　秋天，你是黄色的吗？看，你把千万种落叶染成了黄色。

　　哦，我明白了！秋天，原来你是五颜六色，绚丽多彩，充满诗情画意的季节！

秋·林

罗宇惜

　　秋天到了，枫树林犹如红色的海洋，美丽极了！

　　秋天，如果你走进枫树林，犹如走进了红色的世界，枫树的叶子变红了，飘落到地上，仿佛为我们铺了一条鲜艳的红色地毯。一阵微风拂过，几片叶子飘落下来，在半空中飞舞，好像蝴蝶在树林里嬉戏玩耍。忽然飞来了几只黄色的蝴蝶，我定睛一看，原来是真的蝴蝶被枫叶吸引来了。看到这样的景象，我不禁闭上眼，想象我也是一片叶子，在空中跳舞，我随着风吹的方向飘，一会儿飘到东，一会儿飘到西，一会儿又飘到北，飘来飘去，我都快晕了。也许因为快要晕过去了，所以我赶紧把眼睛睁开，我终于不会晕了。哇！还好没晕过去，因为秋天的枫树林真是太美了，我还没好好观赏呢！

你看，穿上了红色礼服的枫树林真像一位美丽华贵的公主！

秋·收

张家源

今天，我和爸爸准备回老家摘柚子。一路上我非常开心，又可以吃到爷爷亲手种的柚子啦！我们开了三四个小时的车，终于到了爷爷家的柚子园。

我迫不及待地下了车就奔向柚子园。哇，映入眼帘的是一棵棵高大的柚子树，树上挂满大柚子，远远望去像挂着一个个可爱的"娃娃"。

我走近高大的柚子树，急忙拆开一个长在低处的柚子袋子，马上露出金灿灿的大宝贝，像一个黄色的大葫芦，阵阵清香扑面而来。我小心翼翼地把它摘下来，你不知道柚子树上还长着许多会扎人的硬刺，要是你一不小心，就会被它扎到。我一口气摘了一大麻袋，爸爸也摘了一大袋。我觉得爷爷很了不起，给我们带来这么多的果实。

明年秋天，我还要回老家摘一个个金灿灿的大柚子！

秋·游

谢跃铭

凉凉的秋风拂面而来,同学们终于盼到每年一度的秋游,又多了一次与秋天的亲密接触。同学们一个个兴高采烈,一到班级就迫不及待谈天说地,交流自己准备的各种美食!

同学们都到齐了,我们排着整齐的队伍愉快地向目的地进发。走出校园,我四处张望,仲秋来临,"清溪流过碧山头",道路两旁,大树一棵接着一棵像排队的小朋友。虽然是秋天,可是有些树叶依然是绿油油的,不肯离开大树妈妈的怀抱!林间百鸟争鸣,我向上望去,一只鸟妈妈正不辞辛苦地给它的宝宝"盖房子"呢!

经过"跋山涉水",我们来到了郊外一座看不到尽头的桥,很多同学都已腰酸腿疼,但同学们拥抱自然的热情有增无减。大家互相鼓劲,相互帮忙,终于到了蝴蝶山公园。同学们如释重负,一个个气喘吁吁,有的累得四脚朝天躺在草地上,有的一屁股坐在地上闭目养神,有的环顾四周,欣赏周围怡人的风光!此时,秋风拂面,太阳张开笑脸,坐在大树底下的我,左右有花草相伴,前后有树冠相拥,仿佛我与自然融为一体,这一切显得那么美好。抬起头,看着前面那一丛翠绿的灌木似一群顽皮的孩子,在秋风的吹拂下摆出各种造型。它们一会儿全部张开,身子微微摇摆,像一个个舞蹈的少年;一会儿又突然紧缩，像犯了错的孩子似的。

　　开始享受美食了，面对眼前堆积如山的食物。同学们个个狼吞虎咽，犹如山林丛中出现了一群"疯子"，开始"大吃，胡吃，猛吃，海吃"，完全没有了优雅的形象，大伙相互交换美食，体验分享的快乐。吃饱喝足后，同学们刚才的"路途辛苦"一扫而光。同学们你追我赶，开始玩耍嬉笑，打闹声，欢笑声，交织成一曲交响乐，久久地在公园上空回荡……一声"集合"，苏老师召集同学们拍照留念。同学们摆着各种各样耍酷的姿势准备着。苏老师微笑着说："各位同学，西瓜甜不甜？"我们不约而同地跳了起来，大声喊道："西瓜甜！"老师迅速按下快门，留下我们乐呵呵的无忧无虑的画面！

　　阳光越来越刺眼，不知不觉临近中午，秋游活动结束了，虽然很累，但满满的幸福却涌上心头。

陌生人的关爱

魏冰玥

　　打开记忆的大门，回想起那些往事，发现生活中感动无处不在，而有一件事，尤其让我深记脑海。

　　记得一个阳光明媚、鸟语花香的早晨，我和妈妈在龟山公园里散步。我和妈妈"兵分两路"，我在旁边放风筝，而妈妈绕着公园跑步。我把风筝线拉到最长，边跑边拿着风筝的把柄，风筝就一点点地往上飞，到了最高点，风筝在空中自由地飞翔。我正玩得开心呢，风筝就不受我的控制了，一个劲儿地往树上飞，可是我的力气太小，只好一个劲儿地跟着风筝跑。最后，我抓不住就松开了，风筝飞到树上，而我的膝盖却划破皮了，鲜血直流。我低下头，号啕大哭。突然，我的耳边传来一句温柔的话语："小朋友，你没事吧？你怎么一直哭呀？"我泪眼蒙眬地抬起头，站在眼前的是一位年轻的叔叔，他弯着腰，炯炯有神的眼睛看着我。我抽抽噎噎地说："我的膝盖破皮了，我的风筝也拿……拿……拿不下来了。"叔叔说："没事，先别乱动，膝盖受伤了可是会越动越痛的。"说完，叔叔就从包里拿出棉签、酒精和红药水，边拿边说："小朋友，你运气不错哦，刚刚我才去药店买了这些东西，准备放家里备用的，这下你可先享用啦。"叔叔拿着棉签，先把我膝盖上的血和灰尘清理了，然后又用棉签蘸了酒精，给我的膝盖"消毒"，最后，拿着红药水涂抹在我的膝盖上，对我说："有一点痛，但是小朋友可是要坚强的哦！"我咬着牙，忍着痛，吸着气对叔叔说："谢谢叔叔。""对了，小朋友，风筝在哪儿呀？""那儿，"我指着对面的树，"在那树上挂着呢。"叔叔皱着眉头，走到对面的树下，仔细地观察了一下，然后走到对面的公厕，找了一根竹竿，把风筝挑了下来。我笑着拍着手："叔叔好厉害呀，谢谢叔叔！""不客气，不客气，不哭鼻子就好了。"叔叔笑眯眯地说完就走了。

　　这件事过去多年了，可我却记忆犹新。我想，在生活中像叔叔这样的热心人应该很多很多。正因为有这么多的热心人，才会让这个社会处处充满了正能量。今天我得到了别人帮助，明天我也会去帮助别人。

我的同桌

曾敬依

壮壮的身体，黑黑的皮肤，圆圆的脑袋，小小的眼睛，翘翘的嘴唇，这就是我的同桌林志森。因为他很黑又很逗人，所以从小爸爸妈妈就给他起了个小名叫"黑逗"，我们班同学给他起了个外号叫"卤蛋"。

记得一次上课，郭老师正在教我们做《优化设计》。这时，林志森碰了碰我，我转过头问："有什么事吗？"他说："我在书包里摸到了一个东西，你猜猜会是什么东西？"我说："噢！叫我猜，大概是书本吧！""回答错误，我告诉你吧！是……"说着，林志森从书包里拿出了那个"不明之物"。我一看，捂着嘴笑得前仰后合，大家猜猜是什么？猜不出来吧？一个已经烂了的火龙果！我说："告老师吧？"他说："不！我怕！"后来他想了想，还是喊了出来："郭老师！一个火龙果在我书包里烂掉了！""赶快扔了！"郭老师大声喊道。这时全班哄堂大笑。唉！这个林志森呀！

说到这儿，我告诉你们，林志森不但爱搞笑，而且还喜欢打别人的小报告，只要周围的同学有打人、骂人之类的行为，都是他第一个以火箭般的速度冲向办公室，然后再回来，对大家说："我告老师了！你们一个也别想逃！"看着他得意扬扬的样子，打人、骂人的同学真是后悔莫及啊!

这就是我的同桌,一个开朗热心的同桌。

我的同桌

杨语希

我的同桌是从外地转学来的,座号被编排在45号。起初,我还以为他是个成绩不好的学生,可是后来,我改变了对他的印象。

开学不久,我发现他的人缘很好。不管跟谁,都玩得很融洽,同学们都亲切地称他为"翔哥";他的性格很好,不管别人如何惹他,他也只是当作玩笑,笑一笑就过去了;他很善良,是一个纯真的男孩,总是能化解别人心头的乌云。

最让我惊叹的是他谦虚的态度。如果不是亲眼所见,你绝不会相信他的跑步速度。在一次运动会时,他参加男子一百米的比赛,我们在终点紧张地等候。终点的裁判员挥起了旗子,运动员们一个个做好蹲踞式起跑的动作,站在远处的我们心怦怦地跳着,希望他能在第一场就获得首金,等不得我们舒缓紧张,远处的裁判员便准备开枪了:"预备!跑!"来不及反应,他们一个个就如同离弦的箭一般向终点飞奔而来,不一会儿,他就甩开了对手。一百米不长,他发挥所有潜能与力量,风把他的头发吹得凌乱不堪,他跑过的地方让人感觉狂风吹过。近了,更近了,随着一阵欢呼声,他冲过终点,成了冠军!大家冲上去围着他,向他竖起大拇指。他却莞尔一笑说:"这不算什么。"

  他很聪明，考试的分数在班上经常是第一名。有一次语文听写，他得了班里最高分，大家听到他的分数，都不禁"哇"地赞叹，连老师也连连夸赞他，而他却露出一种惊讶的表情，疑惑地说："怎么可能吗？"然后还搔了搔头，憨憨地笑了。

  这就是我的同桌，从他的身上，我仿佛明白了"人不可貌相"的道理。

我记忆深处的那个人

罗婧辉

  光阴似箭，日月如梭，转眼间我已经上六年级了，教过我的老师数不胜数，但在我的记忆中永远抹不去的是曹老师。

  第一次见曹老师，是我上一年级的第一天，我怀着激动而兴奋的心情来到了班级门口。一位四十多岁的瘦瘦的女教师站在门口热情地向我们打招呼。她，瓜子脸，褐色的头发卷卷的披到脖子，柳叶眉下一双眼睛和蔼可亲，鼻子高而挺，加上樱桃似的小嘴，感觉特亲切。她见了我一直对我微笑。看着那笑容，我顿时觉得一股清澈的泉水流进我的心田，暖暖的。

  记得一节自习课上，我发现我有几道数学题忘记做了。当时班级乱成一锅粥，我就趁曹老师不注意，把同桌的作业拿来抄。我知道那是错的，但心急如焚的我怕被数学老师骂，就不管他三七二十一，快

速抄了起来，可谁知这一切都被细心的曹老师看在眼里。她悄悄地走到我的面前来，严厉地问："为什么抄作业？"我吓了一跳，一时不知该怎么回答就撒了谎，低着头说："妈妈说过，不懂的题可以找同学抄，抄完再慢慢理解。"一说出口，我自己都惊讶，怎么会编这样的瞎话！曹老师对我微微一笑，说："放学到我办公室去。"听到要上办公室，一节课我都失魂落魄的。

好不容易熬到了放学，我背起书包，往办公室走去，脚好像拖着两块大石头似的迈不开。我心里埋怨：不就说了个谎吗？还要留办公室！正想着，就到了办公室，一个熟悉的身影映入眼帘，是妈妈！妈妈也被叫来了，我心慌了。当时曹老师具体和妈妈说了些什么我已记不得了。只记得曹老师语重心长地对我说："诚实比作业更重要。"走出办公室，妈妈并没有想象中的"疾风暴雨"，而是抚摸着我的头，告诫我今后不能再说谎。

还有一次，我走在回家的路上，听见有人叫我，我转头看见曹老师向我跑来，我立马向她打招呼，老师微笑着点了点头："你知道你这次考了多少分吗？""知道错哪里了吗？""你平时在家有干家务吗？"一连串的问题对我脱口而出，我一时不知该怎么回答，但我真切地感受到了曹老师对我的关心。

确实，曹老师就是这样一位可亲可敬的人，虽然她现在不再教我了，但是她的一言一行都深深埋藏在了我的记忆里。

温暖的家

陈思悦

家,多美好的一个词啊!一个温暖的家给予我们无尽的爱!

我的家没有荣华富贵,只有朴朴素素的墙壁,简单的摆设。走进家,泛黄的墙壁上有不少画笔的颜色,黑乎乎的脚印随处可见。这些都是我儿时留下的痕迹,父母宽容的爱。桌子上的划痕,清楚地记录下自己的岁数,因为那是我温暖的记忆。可以说,我的家不富丽堂皇,却让人感到满足、幸福。这是我温暖的家的"装饰",美丽的颜色。

爸爸妈妈做不出高贵的西式餐,只会做简单的家乡饭,可在我眼里它优于人间的一切美食,这是只有温暖的家才能做出的美味。淡色的小碗里盛着白嫩嫩的米饭,米粒儿乖巧地躺在熟悉的窝里,等着主人把它们吃掉,好让它们发挥自己的特长,做一名健康的守护者。绿色蔬菜总是一出锅就喷出清新的味道。俗话说得好,"米饭和蔬菜是一对百年不变的好搭档!"我喜欢爸妈煮的家乡菜,这是温暖的家的味道。

温暖的家,爱漫步在每个角落,整个家都装不下它了。我的家共五口人,第一个是调皮可爱的我,第二个是风趣幽默的爸爸,第三个是温柔端庄的妈妈,第四个是正儿八经的爷爷,第五个呢?就是对爷爷不离不弃的奶奶。出门时，奶奶总是唠叨要我注意安全，路上小心。回家后，奶奶又总是缠着我问我爱吃什么。而爸爸呢，在我不开心时，总是跑来安慰我，爷爷则常给我讲一些生活的道理。我爱我温暖的家人！

我的家简简单单，朴朴素素，可这是属于我的温暖的家，我爱我家。

暖心的牛奶

范雨霞

有人说，爱是一句句亲切的叮咛；有人说，爱是一个个温暖的拥抱；而在我看来，爱是一杯温暖的牛奶。

每天清晨，妈妈都会为我准备一杯热腾腾的牛奶。冬去春来，从不间断。记得那是一个电闪雷鸣的雨天，为了响应爸妈"笨鸟先飞"的号召，我一起床顾不上吃早饭就去舞蹈室练舞了。练了许久，感觉饿了，我想喝点牛奶暖暖胃，伸手拿时，才发现早上忘带了。窗外雨越下越大，回去肯定被淋成落汤鸡，我只好无奈地走到舞杆上压腿。一阵阵风儿向我吹来，我感觉肚里饥火烧肠，难以忍耐。我心想：要是热牛奶带上该多好啊！正想着，透过窗户，我隐隐约约地看到了一个熟悉的身影向我这栋楼跑来，是妈妈，旁边还跟着同样狼狈不堪的爸爸。不一会儿，他们到了舞蹈室的门口。爸妈的衣服湿嗒嗒的，雨水顺着他们的脸颊往下落。一见我，爸爸从怀里拿出一瓶热牛奶说：

"快喝吧！你妈泡好放桌上，你都忘拿了。"那一刻，仿佛时间都凝固了，我的眼睛蒙眬了。爸爸、妈妈居然冒着雨给我送牛奶，为了一瓶牛奶把自己弄成这副模样。那一刻，我有些不知所措。许久，我张开双臂，想拥抱他们，可他们像约好似的，一齐往后退，不约而同地说："我们身上都是水，不要靠过来，快把牛奶喝了。"我多想和他们说一句："不管你们有多脏，我都不会嫌弃你们的。"可不等我开口，他们就消失得无影无踪了，只留下了一瓶温暖的牛奶。我耐不住饥饿，拿起牛奶打开盖子喝了一大口，牛奶的温度正在下降，可我的心情却在上升，感觉我那颗凉飕飕的心都给暖化了！

牛奶是纯白的，白得没有一点瑕疵，如同爸爸妈妈的爱，是完美无缺的。牛奶缓缓升起的热气像爱一样把我包围，很温暖，很舒服。每天早晨，我都能品尝到那杯满满的、盛满了爱的牛奶，每当它滑过咽喉，温暖就流进心间。

我们班的"马大哈"

陈华逸

今天冯老师像往常一样拿着语文书来到教室，不同的是眉头皱成了个"川"字。我猜想：准是谁又惹冯老师生气了。

冯老师缓缓走向讲台，教室鸦雀无声，连针掉在地上都可以听见，我的心提到了嗓子眼。只见冯老师走到讲台前，从怀里抽出一大沓我们上周的练字纸，"啪"地放在讲台上。我们的心也为之一震，老师与我们对视了很久，说道："这周我们班同学的练字作业都有了明显的进步，但是，我们班出了两个超级马大哈。"话音刚落，同学们都觉得很诧异，也在各自猜测：这两个马大哈是谁？我充满了好奇，同时心里七上八下的，这其中一个会不会是我？答案终于揭晓，冯老师扫视全班以后，把目光聚焦到了叶晓皓的身上，诡异地问："你们猜'叶晓皓'把名字写成什么啦？"一听到叶晓皓的名字，全班同学都哈哈大家，大家不约而同地回答："叶晓告，他把'白'字旁给漏了。"因为五年级的一次考试中，叶晓皓把自己的名字写成了"叶晓告"，成了期末爆料大新闻。然而，冯老师摆摆手，连说了三个"No"，然后把他的作业展示出来。教室凝重的气氛立刻被打破了，像炸开了锅，同学们哈哈大笑。原来，叶晓皓稀里糊涂，把自己的大名写成了"叶晓晓"。他呆呆地坐在位子上，脸羞得像一个硕大的西红柿。老师则站在讲台前，哭笑不得。

  大家都笑得前仰后合，张建伟更夸张，笑得直不起腰来，可他浑然不知，下一个"中奖"的就是他。冯老师板着脸，严肃地对他说："张建伟，你别高兴太早，请起立，念念你写的。"我们看到张建伟的字比以前好看多了。可他把名字写成了"张肀伟"。"读呀！"老师催促道。张建伟看着中间那个自己写错的字支支吾吾念不出来，同学们哄堂大笑。冯老师长叹一声，说道："张建伟，自己名字都不认识了。"随后，班上又是一阵哄堂大笑。

  笑声过后，冯老师给我们讲了写错别字的严重性，并嘱咐叶晓皓和张建伟以后不要再犯这种低级错误。想到平常我也有写错字的问题，我羞愧不已，再也笑不出来。我希望班上这两个马大哈能早日"改邪归正"，远离粗心，认真做事。

妈妈，谢谢您

黄雨琪

亲爱的妈妈：

您好！一年一度的"三八"妇女节又到了。这次借着写信的机会，我想对您说："妈妈，您辛苦了，谢谢您！"

"累了吗？喝杯水吧！"这是每次我做作业的时候，您必做的一件事，无论多忙，无论多累，从未间断过。"衣服穿够了吗？手套有没有带？"秋去冬来，天气渐渐变冷了，出门前，您从来都不忘叮嘱我。"今天的菜合不合口味，给妈妈提提意见。""这种季节很容易口干的，要多喝水，知道吗？……"您一句句平凡而温暖的话语犹如一杯温开水，平淡却暖在心头。

令我印象最深的是那个夜晚。妈妈，我还记得那一夜，天下着濛濛细雨，我早早地做完功课，准备上床睡觉。突然，一阵剧痛席卷而来，让我措手不及。我捂着肚子，在床上不停地打滚"哎哟哎哟"地叫着。您闻声赶来，见我这副样子，焦急地蹲下身子，把我拉到床边，背在背上，直往那个最近的诊所跑。可那个诊所已经关门了，没办法，只能拦出租车去医院了。这时，偏偏天公不作美，下起了瓢泼大雨。您一边背着我一边撑着伞，还不时地用雨伞挥舞着拦出租车。那个动作，直到现在我都还难以忘怀，那是一个辛酸的动作，那是一个属于妈妈的动作。我趴在您的背上，迷糊中，被一阵凉意惊醒了，我发觉您的背已经湿透了，雨水不停地打在您的头上。我很难过，要不是因为我，您也不用在雨天的夜里等车了。过了许久，您终于拦下一辆出租车，急忙把我背上车，车子直奔医院。在车上，您爱怜地摸着我的头，眼里柔情四溢。说来也怪，我一趴在您的背上，肚子痛立马就缓解了许多。现在回想起来也许是您给我吃了一味药，一味配不出来的药，那味药的名字叫——母爱。

　　到了医院，挂号、交钱、看病、取药……您背着我跑上跑下。出了医院，我希望自己走路回家，您却执意要背着我回家。我拗不过您，只好趴在您的背上。我再也睡不着，望着您脖子上渗出的汗珠，看着您在微风中飘荡的几丝银发，我莫名地难过起来，妈妈，您又老了……

　　妈妈，您为我付出的太多太多了。"谁言寸草心，报得三春晖"，您对我的关怀，我永远都铭刻在心。千言万语汇成一句话："妈妈，您辛苦了，谢谢您！"

　　此致
敬礼

爱您的女儿：雨琪

2017年3月8日

那件囧事

王馨恬

回想那件囧事，真心感谢微信，是它化解了我的尴尬。

记得那天早晨，我起床到小区门口吃早餐。我习惯地带上钥匙和手机，就大摇大摆地出门去了。走在路上，肚子发出了几次"抗议"，我下意识摸了摸肚子，加快了脚步往小吃店走。"老板，来碗扁食。"一到店门口，我就迫不及待向里边大声喊道。不一会儿，一碗热气腾腾的扁食端上来了。我赶紧拿起汤匙开始享受我的美味早餐。正当吃得津津有味的时候，脑海里突然闪过"钱"这个字眼。我急忙摸口袋，发现身上竟然没带钱。我立刻变得紧张起来，怎么办？碗里只剩下三个扁食了，还给老板肯定不行！我会不会被留下来洗碗？我可不是有意来吃霸王餐的。正当我无计可施时，店老板向我走来，莫非是来找我结账的？我的心紧张地跳动起来，愣在那不敢再吃。"小朋友，你吃好了吗！请到收银台付账。"老板微笑着对我说。"没……还没呢！"我装作若无其事地答道，然后快速环顾四周，寻找救星，可一个也不认识，我急得像热锅上的蚂蚁。老板见状，猜测道："小朋友，你是不是忘带钱了？"瞬间，店里所有的人朝我看来，我急得脸红到了脖子，真想挖个地洞钻进去。我侧过脸去，猛然间，我发现店里墙上贴着一张二维码，下面写着微信支付的

提示。我突然想起，过年时妈妈不是给我发了微信红包吗？我可以微信支付呀！我转过身，大声地对老板说："微信支付可以吗？""可以可以！"老板应声答道。我随即掏出手机，点开微信中的扫一扫，对准墙上的二维码，手机上出现了一个支付框，我在手机上输了"3"，并输入了我当初设置的支付密码，只听见"叮咚"一声，微信上立即出现了一条"微信支付"的信息，支付成功了。付完后，我无比轻松地走出店门……

这件囧事我至今记忆犹新，科技创新，给我们的生活带来了许多便利。相信未来，科技，会引领我们走向更新的生活模式。

都是没加标点惹的祸

吴 鹏

今天早上语文课，老师走进教室，并没有马上开始讲课。只见她手里拿着一叠作文纸，显然就是上周五的突击小测。

老师带小测卷要干什么？我思考着。老师终于揭晓答案了，老师神神秘秘地对我们说："今天课前，我要请一位同学到讲台上来表演一项绝技，表演者就是我们班的陈伊扬。"老师把陈伊扬叫了上去，手中拿着她的小测，说道："陈伊扬同学，请你把昨天写的《自我介绍》一口气读完，中间不能停顿！"为什么叫陈伊扬上去读，而且要一口气读完呢？我们班同学都疑惑不解。只见陈伊扬也是"丈二的和尚——摸不着头脑"，她站在讲台前，老半天开不了口。教室里鸦雀无声，同学们都不知道老师葫芦里卖的什么药。

过了好一会儿，她才憋红着脸开始读："我的爸爸是一名……"她读到这就已经停顿了。老师发现了，喊道："停！我说过不能停顿，重来！"陈伊扬又读了一遍，还是同样的结果，她又停顿了！老师微笑着说："你能一口气读完吗？"陈伊扬摇摇头。"可是你的文章没有标点呀！没标点就意味着要一口气读完吧？"这时我们才恍然大悟。陈伊扬明白后，羞红着脸说："老师，我去加标点。"老师微笑着点点头。陈伊扬坐回座位，自言自语说："都是没加标点惹的祸啊！"

老师真是用心良苦啊！这次"考验"陈伊扬事件，原来是想让我们知道写作文要正确使用标点！

停水的启示

邱晓琳

一直以来，我以为水是取不尽、用不完的，用水从来没有节约的概念。因而妈妈常常会在我洗手时对我说："水开小点，滴洗手液时水关掉。"我总是当成耳边风，不屑一顾，家里人都管我叫"费水大王"。直到那一天，我才认识到我应该惜水如金。

那天早上我一起床，就听到妈妈说今天停水了。我伸伸懒腰，妈妈走进来对我说，要用水时去厨房舀。我打着哈欠，点点头。谁知这一天竟成为我的干旱之旅。因为水要晚上六点才会来，所以这些水就是无价之宝。对于我这个"费水大王"来说，这就是天灾呀！吃完饭后要洗手漱口，可此时水如此宝贵，哪还敢用来做这些事呢？只好拿张纸巾擦擦了。想吃个水果也难，因为水不够，没有办法，只好拿饼干充充饥了。饼干哪有芭乐好吃呀，这时候也只能退而求其次了。

"嘀嗒，嘀嗒……"时间还在慢条斯理地漫游呢！中午洗碗时，水用光了。下午，壶里已经没有水了。我好渴，只能喝牛奶。牛奶越喝越渴，可又能怎么办？受罪的可不止我一个。妹妹肠胃不好，一吃就觉得太饱，就想去卫生间。可是停水，她难受得不得了，我只好带她去公共卫生间。

"嘀嗒，嘀嗒……"时间像刚睡醒似的没精神，好慢，好慢……在这度日如年的等待中，我陷入了沉思，以前我是多么浪费水呀！经历了这次停水事件，我这才知道水是多么宝贵啊！我暗暗下定决心：珍惜水资源，从我做起。

我爱家乡的稻田

赖王子叶

无论什么时候，家乡的稻田都有一番迷人的风景。

春天，稻田迈着细细碎步来了。只见纤纤细手一挥，万物复苏，生机勃勃。一株，两株，成千上万株水稻芽儿探出小脑袋，嫩绿色的芽儿浮着清晨的露珠，在晨光中闪闪发光。抬头望去，大地上布满了星星点点的翠绿，迎风摆动是那样的可爱。

夏天，在阵阵雷雨中，它隆重地出场了。水稻芽儿贪婪地吮吸着雨水和清新的空气，放开肚皮吃个够。一天，两天，三天……他们猛地拔高了，如亭亭玉立的少女，懵懂地幻想着。站在高处，往下眺望，一片又一片的绿色稻田连在一起如同大海，风一吹，掀起阵阵波浪，美得让人陶醉，绿得不知要用什么词语去形容自己的珍爱。

秋天的稻田金灿灿的，是那样的美丽壮观，震撼我心。稻田黄得如此耀眼，美得令我窒息，我的视线久久不能移开。当我沉浸在梦幻的境界中时，一阵微风拂过，迎面送来迷人的香气，原来，那是水稻特有的芳香。我深吸了一口气，香气变得浓郁起来，在我的心田里回荡。我爱稻田，爱它的香。

冬天，只剩下一根根孤零零的秆，叶子变成了稻草，堆起座座金山，谷子去了外衣，变成了香喷喷的米饭。吃着吃着，我的脑海中浮现出曾经的稻田，我禁不住笑了。

我爱春天嫩绿的稻田；我也爱夏天翠色欲流的稻田；更爱秋天金黄的稻田；还有冬天无私的稻田。我爱家乡一年四季的稻田。

稻田，稻田，家乡的稻田，迷人的稻田，我等你来年再向我展现你的风采，再向我描绘那四幅绚丽的风景图画。稻田，稻田，朴素的稻田，家乡的稻田，令我喜爱。

荷塘月色

杨浩文

夜幕降临，吃过晚饭后，我推开家门，前往荷塘赏花。

皎洁的月光下一枝枝荷花在荷塘中盛开着。婀娜多姿的身材如青春少女展示着自己纤细的腰肢，盘子般大小的荷叶簇拥着它们，正应了那句古话"绿叶衬红花"。月色轻柔地洒在荷叶与荷花的身上，慢慢地向四周流淌着，荷叶、荷花仿佛成了玉树琼枝。风一吹，荷叶特有的清香扑鼻而来，我贪婪地闻着，嗅着，总也闻不够。在我的心里，这种清香就是世界上最美妙的气息，令我陶醉不已。

晚上，池塘水平如镜，我站在亭子里俯视着月光在水中的倒影，好像天上飞来一面明镜似的。突然，"哗"的一声，一尾金色的鲤鱼从水中高高跃起，打破了池塘的平静。只见那鲤鱼将水珠洒向空中，继而一个轻盈的转身后又重重地落回水面，然后消失在那幽静深邃的水中。我看呆了，盯着那只鲤鱼消失的地方，咂巴咂巴嘴，细细品味着刚才那一幕。突然，鱼儿们仿佛受到了什么命令一般，竟纷纷浮出水面，在茂密的荷花间穿梭着，一会儿消失，一会儿又出现了。再仔细一看，鱼群中还混杂着几只小龟，向我伸出它那胖乎乎的小掌，仿佛在向我打招呼："你好，很高兴认识你。"它那憨憨的神态逗得我咧嘴笑。不一会儿，鱼群又消失了，正如它们来时一样，不留任何痕迹。我静静地坐了许久，渐渐地，仿佛自己也成了一条小鱼，在碧绿的荷叶间玩耍嬉戏。

夜深了，我回过神来，依依不舍地踏着满地的月色回家。走在路上，一缕缕荷花的幽香悄悄地飘进了我的心里。

竹之韵

汤 可

竹子，松树，梅花，被人们亲切地称为"岁寒三友"，有多少文人墨客为它们挥洒笔墨！我最喜欢的是竹子，因为它无论是在春、在夏、在秋、在冬都有着一种独特的"韵"味。

春天，万物复苏。小笋尖儿挣开大地妈妈温暖的怀抱，顶开无比沉重的石块，像一座黄色的宝塔一样，勇敢地屹立在竹海的每个角落。它们头上会有一些黄色的穗子，那真像一顶精致的小帽子。这些戴上可爱的小穗帽的笋尖儿，就像一个个活泼的小朋友，在漫山遍野的竹海中欢快地跳着"金娃送春舞"，迎着春雨唱着"生命之歌"，真惹人喜爱！

夏天，知了喋喋不休地唠叨着，不断地抱怨着夏日的火热。竹子却在喧闹的夏日里积极地向上长，向上长，努力地向上长！它不怕夏天火辣辣的太阳，像坚强的战士矗立在那里，将夏日的炎热驱赶出竹海，留下一片绿色的"竹之凉"。此时、此刻、此地，如果你在这竹子下和朋友们下一盘有趣的飞行棋，当微风吹过，你会感觉浑身清凉。我喜欢夏天的竹海!

秋天来了,大树头顶上那绿色的"皇冠"渐渐地失去原有翠绿,摇摇欲坠。秋风一过,树上的黄叶都落叶归根了,树底下铺上了软乎乎的"毛毯",而原先郁郁葱葱的大树像是剃了个光头一样,失去了往日的生机。可竹子们还是青翠欲滴,生机勃勃,丝毫没有被秋风影响,还在那积极地成长。我爱秋竹的坚持!

冬天,寒风好似一只凶猛的老虎,宣告着要一口"吞"下整个世界!竹子丝毫不畏惧,它们像一个个英勇的战士,笔直地挺立在山坡上,任凭寒风不停地呼啸,始终坚强地屹立在风雪中。我的心为之一振,被竹子的顽强所震撼。冬竹的坚强让我感动!

我们的成长应如竹的四季之韵,活泼、积极、向上,顽强地排除万难。做人、做事总要有竹子的风韵才好!

我家楼下的荷花池

廖宸仪

夏天,我家楼下池塘里的荷花又盛开了,放眼望去仿佛一片五颜六色的花海,红绿相间,显得楚楚动人。

走近池塘边,一朵朵粉色荷花,是那么纯洁,那么秀丽。在粉色的荷花群中,还藏着几朵白色的荷花,它们像穿着白色裙子的仙女一样,在粉色的花海中显得亭亭玉立。荷花的花瓣丛中有一个嫩黄色的莲蓬,莲蓬的顶上有几粒小小的莲子,散发出淡淡的清香。

这些荷花，形态不一，婀娜多姿，在荷叶的衬托下，是那么生机勃勃。有的半闭半开，好像刚睡醒似的；有的好似久别重逢的朋友，在亲亲热热地聊天；有的还是花骨朵儿，好像吃饱了饭，随时要破裂似的。晚风一吹，它们宛如纯洁秀丽的白衣少女，在池塘中翩翩起舞。忽然，好像有什么东西落到了荷花上，哦！原来是美丽的花蝴蝶啊！它们有的钻进花瓣中，有的在池上玩耍嬉戏……荷花池里，好不热闹。

　　不管是谁，经过我家楼下的荷花池，都会情不自禁地驻足欣赏，赞叹起荷花的美。

漂流瓶课堂的欢笑

"抽奖"继续进行,漂流瓶里飘出一个又一个好笑的句子,有"王亮在澡堂睡觉""王敏在天空吃早餐"等。同学们的笑声一阵高过一阵,教室里洋溢着快乐。

打破思维的墙

马若晗

> 创新，让平凡生活的狭窄，变成一片无边无垠的宽阔；让孤寂日子的单调，变得多姿多彩！
>
> ——题记

知识是有限的，想象力是无限的。从人类诞生的那天起，创新的脚步就从未停止过，并随着社会的科技发展一步步向前。历史如滚滚洪流，从古埃及的纸草文字中流过，从中华的四大发明中流过，从牛顿的三大定律中流过，从霍金的《时间简史》中流过……一次次创新之路熠熠生辉。

我曾在书中看过一个故事：15世纪意大利著名航海家哥伦布，曾历经千辛万苦，发现了新大陆。一次，几个朋友在哥伦布家做客，谈笑中嘲讽起他在航海时发现新大陆的事，认为新大陆就在那儿，谁去了都会发现。哥伦布听后只是淡淡一笑，从厨房里拿出一个鸡蛋，对朋友们说："谁能把鸡蛋竖起来？"众人听之，一哄而上，结果都失败了。这时，只见哥伦布轻轻将鸡蛋的一头敲破，鸡蛋就竖了起来。朋友们不服，哥伦布就对大家说："在这之前，你们有谁想到这个方法呢？"

其实，世上有很多事，也与哥伦布发现新大陆一样：答案出来后人们会品头论足，各种不服气，但是在这之前，却没有任何人想到这一点，无法创新。就如九点连线一般，三行三列的九个点，在笔不离开并且不重合的情况下，用四条直线将它们连起来。这看来是个不可能解决的问题。可答案却使我们大吃一惊——在格子外思考、连线。为什么我们没有想到呢？因为它打破了我们的思维习惯。这思维定式就好像一把锁，锁住了我们的思维，使我们想不到定式外的方法。我们要打开这把锁，去不断创新，不断突破自我！

善于创新的人，总能从一粒种子中窥见一个新世界，从一朵野花中揭开春天的秘密。有时候，换一种角度换一种思维，去看这个世界，我们就会发现这个世界无比精彩！

饺子变身记

张　越

"噼里啪啦，噼里啪啦"，一阵阵刺耳的鞭炮声萦绕在耳旁，红红火火的春节到来了。我望着家家灯火通明的窗户，咬了一口嘴里的饺子，一丝甜而不腻的润滑感顺喉而下，思绪把我带回了昨天……

除夕夜的前一天，阳光充足，明媚的阳光也给这寒冷的季节带来一丝暖意。我刚上完钢琴课，就迫不及待想去外婆家包饺子。因为每年除夕，外婆包的饺子总是全家人最爱吃的"压轴菜"。我三步并作两步，跑到外婆家，等待包饺子。"咔嗒"，门开了，一阵沁人心脾的饺子馅香味扑面而来。只见外婆正不慌不忙地把饺子皮擀薄，再包上各种各样的馅，巧手来回旋转，转眼间一个完美的饺子就包好了！

我边看外婆包饺子，边围着桌子转圈圈，"外婆年年月月都包这样的饺子，没有一点新意，多没劲呀！能不能把饺子的包法创新一下，能象征着新年的多姿多彩呢？"我自言自语着。"咦，可以把饺子包成彩色的！"我兴奋地大声叫道。"这个法子好，就照你说的办，饺子也红红火火过大年。"外婆附和道。

我和外婆、姨妈、姐姐立刻分工明确，我负责给水饺上色，外婆负责水饺的造型，姨妈和姐姐负责擀皮。说干就干，我从冰箱里翻出各种有色蔬菜，用榨汁机榨出彩色蔬菜汁：有红色的，有黄色的，有绿色的，紫色的……颜色各异。接着姨妈把这些汁液揉进面团，不一会儿，五颜六色的水饺皮大功告成！外婆也不示弱，利索地捏出不同形状的饺子：有小笼包形状的，叶子形的，有小方形的，有扁平而饱满的……经过大家的一番努力，新年"新饺子"新鲜出炉了，我望着一桌身着彩衣的水饺，心里美滋滋的。

除夕夜，一家人围坐在一起吃年夜饭，一个个色香味俱全的饺子入嘴，真美！饺子可以创新做法，我们的学习，我们的生活何尝不是这样呢？创新是一种美，需要你我去发现它。

换个角度看问题

邢雅雯

　　苏轼曾写过一首诗："横看成岭侧成峰，远近高低各不同。"这句小诗告诉我们，观察事物的角度立场不同，就会得到不同的结论。

　　伟大的发明家爱迪生在发明电灯的过程中有个有趣的故事：爱迪生研究了八千多种不适合做灯丝的材料后，有人问他："你已经失败了八千多次，不用再继续研究了吧。"爱迪生说，他从来没有失败过，因为他发现了八千多种不适合做灯丝的材料。爱迪生换一个角度看问题，结果就截然不同了。

　　生活中，换个角度看问题，有时能使忧闷的心情变得舒畅起来。假日，我随家人去攀登南普陀山。上山的路崎岖陡峭，我没爬几步就累得气喘吁吁，同我们一起上山的人基本上都坚持不住了，一拨人果断掉头下山了。剩下的人和我一步一挪地上山，许久，才登上了山顶。一到山顶，没看到什么美丽的风景，于是大声埋怨着："什么也没有，辛辛苦苦爬上来干什么！"而我却觉得别有一番滋味，我们这么千辛万苦地攀登，为的就是可以居高临下，美景尽收眼底。

　　其实生活中换个角度看待问题，它的结果也就完美得多了。

多味的节日

唐亦桐

世界上有许多多味的东西，比如说多味的水果，多味的蔬菜，多味的心情，多味的……而我今天写的是多味的节日。

No.1 酸

虽说是国庆节和中秋节一起过，加起来足足有八天的假日，不过老师布置假期作业一点也不含糊，语数英作业加在一块，占领了我们大量的假期时间。我写完英语写数学，写得手酸了，腰酸了，脖子也酸了。我坐在书桌前，一股股酸意涌上心头。不知远在"天涯海角"的同学们想到这多如"海洋"的作业，是否也"酸"了呢？

No.2 甜

经过一阵"酸雨"，终于出现了一段灿烂的"彩虹"。今天老妈大发慈悲，让我玩个半天，真是"圣母心泛滥"了，不过也好，我也好不容易得来了休息，真是"偷得浮生半日闲"。我迅速地打开电脑，开机，输入密码123，打开搜狗浏览器，进入"4399"小游戏，

玩得好不痛快，一丝甜意从心中滋长。

No.3 苦

一个美好而又阳光明媚的上午，正是做作业的"黄金时段"，却被拉去学兴趣班，真是"劝君在家做作业，去学兴趣不再有"。我只好硬着头皮上"前线"，"不！"我不禁这样苦叫着。

No.4 辣

今天下午，阳光依旧灿烂，可是却掩盖不了我郁闷的心情，因为今天做的奥数题太难了，再加上中午没睡好，眼皮一直在打架，我就迷迷糊糊地做了一下午。结果老爸一检查，错了好几题，被老爸训了一番，顿时，我觉得脸上火辣辣的。

No.5 大结局 总结

这多味的节日，带给我多少郁闷，多少悲伤，但更多的还是快乐！

国庆参观记

余思东

今年国庆节我非常高兴，因为妈妈带我去了东方明珠。

我们坐了好长时间的车，终于来到东方明珠的广场前方。首先映入眼帘的是一个"大机器人"——东方明珠塔。你知道吗？我当时非常震惊，它为什么这么高大呢？东方明珠总高四百六十八米，是上海标志性文化景观之一，多筒结构，由太空舱、上球体、五个小球和下球体，还有三根巨大的擎天柱构成。它内设有三百六十度的玻璃观光层、空中旋转餐厅、游戏厅……它非常雄伟壮观，头顶着蓝天，脚踩地面，看过去又像一个准备去太空旅行的火箭飞船。

在塔座的入口，看到长龙似的人在排队，我心里想：如果这样排，要排到猴年马月呀！忽然，妈妈告诉我，我们是VIP不用排队，直接入塔。我一听心里乐开了花。接着，我来到了第一个电梯口，那些排长龙队的游客用羡慕嫉妒的眼光看着我们走上观光电梯。我们总共乘坐了两次电梯，第一次速度一般，第二次就不一样了，速度是每分钟将近二百米哦！然后我们来到了离地面三百六十五米的太空舱。站在这里，上海各方向的景色尽收眼底：一座座建筑各式各样，一幢幢大厦层层叠叠，一艘艘轮船漂流在黄浦江上……我们顺着楼梯下到了上球体，也就是玻璃观光层，它离地面二百九十五米，那里是最令我难忘的。我小心翼翼地站在玻璃砖上,一开始有些害怕,过了一会儿就不怕了。接着,我俯视地面,感觉自己像在太空漫步,下面的一切都变得渺小。公路纵横交错、车水马龙、行人如织,一条条公路像一条条彩带,一辆辆汽车像一只只甲壳虫在彩带上行走,一个个行人像一只只蚂蚁爬行……

夜幕降临时,东方明珠那绚丽多彩的灯光闪闪发亮,照亮了整个上海市。东方明珠塔金碧辉煌、光彩夺目,它真是位于世界东方的一颗璀璨的明珠呀!

喜气洋洋过春节

房忆阳

"噼里啪啦……噼里啪啦……"鞭炮响起,"砰砰砰……砰砰砰……"礼花升起,我期盼已久的春节终于到了!

早晨,噼里啪啦的鞭炮声惊醒梦中的我,干什么呢?大清早就放鞭炮?我一骨碌爬起来下楼一看,呀!是拜八仙的队伍到外婆家门口了。他们敲锣打鼓,穿着鲜艳的古装戏服,有铁拐李、何仙姑、蓝采和、曹国舅等,他们在大厅里跳起舞,唱起听不太懂的关于吉祥、祝福的歌。看热闹的邻居们挤满了大厅,大家满脸笑容,开心地看着、笑着。

夜幕降临,远远地传来鞭炮声和锣鼓声,门外响起响亮的声音:龙灯到了,接龙灯喽!

公路上人山人海，远远地看见一条长长的"灯带"，伴随着一声声震耳欲聋的鞭炮声，一串串五颜六色的焰火冲上天空，焰火在空中绽开各种各样的花儿，照亮了天空，照得我眼花缭乱。

近了、近了，首先映入眼帘的是一盏盏花灯，有各种各样的鱼灯、花篮、福字等，形状有圆的、方的、篮子形的、灯箱形的、蝴蝶形的……紧跟在花灯后的是龙灯。舞龙灯的叔叔们穿着统一的红色衣服，与龙灯很相配。这条龙全身红色，配上金色的龙鳞，显得精神抖擞，特别漂亮。龙头大大的，长着金色的龙角、嘴边有长长的龙须，张大嘴巴要咬它跟前的龙珠。表演开始了，龙珠忽左忽右、忽上忽下，龙也张着大嘴忽上忽下，忽左忽右，就是差那么一点儿咬不到龙珠。忽然，龙珠从龙身上轻巧地跃过，龙抖动着身子，扭头跃过龙身，它就像一个可爱调皮的孩子上蹿下跳。它们一会儿摆成圆形，一会儿摆成方形，一会儿是心形，一会儿又从龙身下穿过……我被精彩的表演惊呆了。

龙灯离开不久，马灯来了。一匹匹马儿有红色、白色，它们昂着头，甩着长长的尾巴，和着动听的锣鼓声，嗒嗒嗒地跑着。有时排成两条直线，有时排成O形，有时排成S形，有时互相穿插，真像一匹匹在草原上奔腾的马儿。看着看着，我仿佛也来到草原和马儿一起奔跑……

紧接着，船灯也赶来了。一个老奶奶打扮的人穿着古代船工的戏服，头戴一朵大红花，脸上有一个黑黑的痣。她扭动着身子，唱着有趣的歌儿，跳着划船的舞蹈，有趣极了、滑稽极了，我情不自禁地哈哈大笑。

我喜欢农村热热闹闹、喜气洋洋的春节。

有趣的秋游

康哲俊

踏着秋的节拍，迎着凉爽的秋风，我们班同学手拉着手出游了。

我们走过凹凸不平的小路，爬上数不清的台阶，终于到了秋游目的地——将军山公园。那里的景色迷人，小鸟在枝头上唱歌，花儿的香气迎面扑来，游人们的笑声给公园增添了几分生机。

我和几个平时形影不离的小伙伴选了一块空旷的平地围成圈坐下，把各自带去的食物拿出来一起分享。老师过来给我们拍照，谁都顾不上去搭理她们，依然津津有味地吃着美食，很快美食被洗劫一空。吃完东西，大家围在一起讲笑话，其中说到了一个有关朱梓祎的笑话，大家一致说好了不能去告密。可是，张倬宁趁我们不注意跑去向朱梓祎告密。就这样，一场女生追男生的大战开始了。

朱梓祎就像一头发怒的狮子，追着我们漫山遍野地跑，把我们追得满头大汗，气喘如牛。但她仍然不肯善罢甘休，还找来了帮手一起追我们。跑着，跑着，我猝不及防被她们追上抓住了，怎么也挣脱不了。突然，我灵机一动朝她们身后大喊："王民宇、唐亦桐，快来救我！"趁她们不约而同回头看的时机，我快速地挣脱她们，疾步如飞地跑了。朱梓祎她们发现被骗后，在我后面穷追不舍，眼看就要成为她们的"俘虏"了，我连忙向战友们求救。王民宇、唐亦桐他们跑过来围成一道防线保护我,把女生们挡在外面。最后,女生们用尽各种办法,拼尽全力把我们的防线冲破了,抓住了我这个"幕后黑手"。就这样,一场大战以女生胜男生败的结局而告终。

时间过得真快,秋游马上就要结束了,大家排好队伍准备离开公园。我依依不舍地看着将军山美丽如画的风景,希望明年的秋天快点来到。

这是一次令人难忘的秋游,在一场没有"硝烟的战争"里,我们收获了友谊和快乐。

赏 雨

冰 荷

早晨醒来,推开小窗,外面已是雨的世界。

雨真大呀!先是听见它的声音——哗啦啦,哗啦啦,从很远的地方飘来,由远而近,由远而近……

眼前一片朦胧,雨密密地斜织着,房屋上全笼罩着一层白烟。拨开轻纱,一切都清晰了。大树随着风雨疯狂地摆动身子,快乐地舞蹈;小草友好地摇头晃脑,欢迎大雨的到来。雨点落到地上,马上就欢快地跑开了,形成一个个旋涡,转呀转的,好似一个亭亭的舞者。

听!风声小了,雨也小了,窗外只剩下淅淅沥沥的雨声,弹奏着轻柔优雅的小曲,让人心旷神怡。小雨像牛毛,像花针,像细丝,组成了一道雨帘。小雨点在叶子上玩滑滑梯,在玻璃上画图案,在池塘

里打闹嬉戏……哦,小雨点,你这顽皮可爱的小精灵,是把这世界当成你的乐园了吗?

不知什么时候,雨,静静地停了。风,也屏住了呼吸,院子里一下子变得安静起来。雨后的空气异常清新,万物都挺直了腰板,打起精神,让青草与花香在微微湿润的空气里酝酿。鸟儿们又从窠巢中钻出来了,东瞅瞅,西望望,愉快地唱着歌儿,又串门去了。树叶上,花瓣里都还凝聚着小雨珠,树叶花瓣只要轻轻一笑,小雨珠就掉下来了,滴落在水洼里,发出异常清脆的响声——

叮——咚——叮——咚……

那是雨回家的脚步呢!

雨中寄景

谢东桓

漫步在放学路上,突然,一滴清凉的雨水落在我的脸上,顺着脸颊滑下,一直滑落到我的手掌上。

我仰起头,看见蓝天像裂了一个大口子。许多的雨滴从里面蹦了出来,落在水泥地板上,溅起一朵朵晶莹的水花,那弹跳着的水花仿佛是一位位舞者,在一起表演舞蹈呢。而滴答——滴答——的雨声就如同一支动听的舞曲,在给水花舞者伴奏呢。这样的景象,真是难以言状,让人陶醉在其中。

瞧,那篱笆上的喇叭花端起酒杯,请喜雨满满地斟上。是喝醉了吗？那红色花、金色花、紫色花……全都在雨丝的帷幔里摇摇晃晃。看，那池塘上的团团荷叶伸开胖胖绿掌，捧着甜甜雨珠，细细观赏。是雨珠太滑了吗？怎么一溜烟跑到了池塘玩起了捉迷藏。听，那雨点打在同学们的小伞上，嗒嗒，嘀嘀，嗒嗒，嘀嘀，边落边唱。小雨点，你们在唱什么歌呢？是谁谱的曲？谁做的词？

雨渐渐地大了起来，原来如诗如画的景象被彻底地打破了。我毫无打伞之意，任由雨点落到我的身上，感受它带给我特有的清凉。向路旁的草地望去，淘气的雨水像是刚冲出校门的小朋友，四处乱窜，淋遍每一处地方。调皮的小雨点们为了抢占地盘发起了纷争，似乎在比赛谁的能力更强，谁的威力更大。一旁观战的我看得津津乐道，笑不拢嘴。这时，小雨点们似乎不甘心被我取笑，纷纷跑过来求助我，我赶紧躲开，这场竞争我可不想参与其中。

雨渐渐地退了下去。我看着这些飘飘洒洒的雨丝，用尽最后的力量，清洗着大自然的一切生物。此时，树叶的颜色被洗成了天然的绿色，那种清新的、纯净的绿是画家的调色板无法调出来的，真是奇妙无比。

渐渐的，雨停了，整座城市焕然一新，空气也清新十足。我感觉这一场雨好像一个魔术师，给了我不少的惊喜与欢乐。

我喜欢雨……

雨

刘子羽

　　雨，是一位清洁工，让目所能及之地，焕然一新。雨，是一位辛勤的园丁，为大地泼洒雨露，使大地变得生机勃勃。而在我看来，雨，更是一位赫赫有名的演奏家。

　　你瞧，天上乌云密布，那是漆黑的幕布，是那位演奏家即将要演奏的征兆。街上的行人正急匆匆地跑回家，大概是准备在家听那位演奏家的演奏。只要你静静地等待，都可看到演奏家的表演。

　　就在那不经意间，演奏便开始了，你甚至没有看到他如何出现在舞台上，没有看见他怎么准备就绪的，一切就已经开始了。"沙、沙、沙""滴答、滴答""哗、哗、哗"，乐曲生动悦耳，多少人惊叹"此曲只应天上有"。而那位演奏家，他所奏出的音符，又好似天兵天将一般，从天而降，流进我们眼睛，流进我们心窝，令我们心潮澎湃。

　　渐渐地，随着音乐的波澜起伏，我们仿佛坠入了一个极乐世界，坠入了音乐的海洋，与音乐共舞，与音乐共悦。我们沉迷在其中，全身心地放松，此曲，美妙极了！

　　雨过天晴，演奏家早已离场，而我们却迟迟不肯离去，我顿然醒悟，这才是真正的艺术，这才是真正的美！

下 雨 了

林 听

一个炎热的夏天,大家靠在走廊上看着风景。

忽然一阵大风吹过,只见地上的叶子在空中飞舞着,似乎从未停下过。刚才还昂首挺胸的大树,也被大风吹得东倒西歪。操场上正快乐玩耍的孩子们见状,都赶忙跑回教室。抬头一看,让同学们热得满头大汗的太阳,瞬间被黑压压的乌云遮挡,只听大风"呼呼"地刮着,雷声"轰隆隆、轰隆隆"地喊着,好像巨人使出全力打鼓的声音。尽管雨还没有落下,但街上的人们已行色匆匆地往回赶……

果然不出所料,没过多久,黄豆般大小的雨点从天而降,刚落到地上,就被热得发烫的地面蒸干了。很快,雨越下越急,犹如子弹一颗一颗地飞射下来,奔向大地;不一会儿,雨越发大了,如同千万匹战马奔腾而来。时间一分一秒地过去了,雨似乎大到了极致,如同天空中一个装满水的大木桶倾倒下来,雨伞这个"盾"仿佛也挡不住这样锋利的"矛"。街上的人们赶忙就近避雨,豆粒般的顽皮小珍珠落到人们的头上,溅起了小水花,这雨幕重重的世界只听见雨声……

渐渐地,雨越变越小,慢慢消失了,大风的声音也听不见了,一切又回归宁静。空气仿佛被雨水洗过一般,特别清新,深深吸上一口气,舒服极了!仰头一望,只见天空还给我们一个灿烂的太阳,还送

了一座悬挂天边的"彩虹桥"。

"快看,天边有道美丽的彩虹,真美呀!"惊喜快乐的声音在我耳边响起……

母爱无疆

张 越

有人说,母爱是无边无际的,就像辽阔的大草原一样;也有人说,母爱是黑夜里照亮你心灵的一盏明灯。我说,母爱好比一杯浓咖啡,入嘴时是苦涩的,慢慢品尝就能尝出甜来。

记得那天放学后,我在门口等着母亲来接我,时间一分一秒地过去了,母亲还是没有来。这时,突然下起了倾盆大雨,风吹着冰冷的雨水拍打在我的身上,冷极了,我不禁打了个哆嗦。正当我心灰意冷时,一个模糊的身影出现在校门口的围墙旁。我仔细一瞧,呀!是妈妈!我赶紧挥着手,示意妈妈。妈妈转过身,急匆匆地走过来,手里拿着一把雨伞和一件雨衣。见我冷得直哆嗦,赶紧让我披上雨衣,拉起我冰冷的小手,往家里赶。

一路上,凛冽的寒风呼呼地刮着,天气越来越冷,雨水不停地拍打着地面,溅起的水花落到我的鞋子里,衣服里,使我打了个喷嚏,一阵凉风吹来,吹过我的头顶,使我冻得牙齿打起架来,妈妈见状,赶紧把脖子上的围巾取下来,替我戴上,接着,又把自己的手套摘下,戴在了我那冰冷的小手上。一路上我觉得好多了,没有刚才那么冷了。

　　走着走着，不知不觉已到了家门口。妈妈用她那颤抖的双手拿钥匙开门，"砰"的一声，钥匙竟掉在了地上。我拾起钥匙，准备开门。突然，一双冰冷的手搭在我肩上。我仔细一看，原来是妈妈的手。我问："妈妈，您为什么不让我开门？""宝贝，没关系，妈妈可以的。"妈妈微笑着回答，话语里还带着几分颤抖。当妈妈再次拿起钥匙开门时，我这才注意到妈妈的手上裂开了许多小口子，一双手冻得又红又肿。我心疼极了，拉起妈妈那龟裂的手，往客厅走去。我打开药箱，拿起药膏为妈妈轻轻地涂抹着。涂完后，又给妈妈戴上了手套。妈妈抚摸着我的头，心疼地说："乖孩子，懂得心疼妈妈了。"在那一刹那间，一股暖流涌上心头，我的眼泪忍不住夺眶而出，像断了线的珍珠一样掉下来。

　　就像罗曼·罗兰说的那样："母爱，是一种巨大的火焰。它能温暖你的心灵，为你冰凉的心灵增添一分热量，即使经过岁月的沧桑也完好无缺。"

爱的味道

陈思颖

　　记忆中爱的味道散发着甜甜的清香。那清香甜蜜的滋味应该就是母爱的味道吧！

　　记忆中的清香甜美味道是冬日里的一件衣服。寒风呼呼地吹着，仿佛要把坐在车上的我吹到地上，我穿着好几件衣服，可还是冷得发抖。妈妈见了，急忙停下了车。把她的外套脱下来披在我的身上。这时我的心里觉得甜甜的，暖暖的。寒风继续吹着，可是我的心里却一点儿也不冷了。下了车，我把衣服还给妈妈，这时我看到了妈妈的手冷得直发抖。记忆中的母爱的甜美味道，是冬日里让我不再寒冷。

　　记忆中的清香甜美味道，也是一次次温暖的关爱。小时候的我喜欢东跑跑西跳跳。时不时还会摔上一跤，总是青一块紫一块，偶尔还会有流血的惨象。有一次我在楼下玩跑跑抓。我刚一跑就被一块石头绊了一下摔倒了，腿上破了一大块皮，血流了出来，我痛得哇哇大哭。哭声引来了楼上阳台洗衣服的妈妈。妈妈急忙冲下楼来，见状，把我背回家，一边安慰我一边用药水帮我清洗伤口。然后用手轻轻地抚摸伤口周围的肌肉来减轻我的疼痛。这时，我感觉妈妈的手有神奇的力量，痛感渐渐消失了，心里甜甜的，暖暖的，这是记忆中的甜蜜味道。

　　母亲的爱总是甜蜜的，散发着金灿灿的光芒，诱人的清香，值得我用一生去品味。

可敬的老师

陈润方

　　老师是辛勤的园丁，整修花园的花草；老师是通红的太阳，照耀前行的小路；老师是明亮的灯塔，指引前进的方向。我的语文老师郑老师,梳着光滑、整洁的长发,皮肤白皙,细长的眉毛下,露着一双炯炯有神的眼睛。她正如妈妈一样无微不至地关怀我们,教会我们无穷无尽的知识,让我们从中明白做人的道理。

一个拥抱

郑老师是一个温柔的老师,对我特别关心。二年级的时候,我有一次发高烧,依然坚持上课。"当——当——"下课钟声敲响,我满脸通红,头昏眼花,迈着艰难的脚步,抱着厚厚的一摞作业,朝二楼办公室走去。郑老师慧眼一瞧,发现不妙,和蔼可亲地问:"润方,你怎么啦?"边问边顺势摸了摸我的额头。"哎呀,头怎么这么烫?回家吃点药,在家休息。"依稀中,我分明看到老师眼里透着不安、惊讶与关切。大概是出于心疼,郑老师把我紧紧地抱在怀里,给我温暖,给我力量,给我信心。没过几天,我又活蹦乱跳,我暗暗想:是老师的深情拥抱,让我很快恢复健康!

一缕银丝

郑老师是一个对待工作认真负责的人。我送作业本到办公室时,总能看到郑老师忙碌的身影。她埋着头,右手拿着红笔,目不转睛地盯着作业本,生怕遗漏一个错别字。本子上密密麻麻地呈现圈画勾的痕迹,有好句,用鲜艳的波浪线;有好词,用醒目的红旗;有错别字,用大个的圆圈……我情不自禁地想:郑老师,你孜孜不倦地工作,真是良师啊!此时,老师的一缕银丝映入眼帘。郑老师的辛勤耕耘,默默奉献,不正是李商隐所言的"春蚕到死丝方尽,蜡炬成灰泪始干"的真实写照吗?

我时常天真幼稚地问妈妈:"我能成为她的孩子吗?长大后,我

能盖别墅，和郑老师一起住吗？……"因为我觉得郑老师是天底下最好的老师，我永远爱她!

母爱的味道

童宇衡

记忆中，总有那么一颗太阳，时常洒下一缕温暖柔和的光芒，它是那么的饱满、晶莹……慢慢地，慢慢地，浓缩成五个温暖的字眼——母爱的味道。

母爱的味道是被小朋友们抚摸过的滑梯。在一个百花齐放的春天，早上，我路过小区的公园，不禁驻足张望。自从变成了六年级毕业生，我每天都有做不完的作业，这让我没有什么时间玩耍。风儿吹过，风中夹着一丝丝小孩子特有的笑声，我回过头望了望，孩子们正在玩滑梯，心里甜甜的。"准备好了吗？""三、二、一""呜、呜、呜""哈、哈、哈"，伴着嬉笑声，童年时，妈妈和我一起玩滑梯的情景浮现眼前。"慢点""小心""别摔跤！"一声声呼唤萦绕耳际，我的双眼模糊了，心里暖暖的，这是记忆中母爱的味道。

母爱的味道，是一枚枚一元的硬币。小时候，我的口袋里总是有个小伙伴——弹弹球陪伴着我。上街带着它，上学带着它，甚至晚上睡觉也要它陪着我。弹弹球和我一样调皮，好动得很。一会儿在这，一会儿在那，上蹿下跳，忙个不停。常常一蹿就是十万八千里，没了影儿。每每找不着它时，我便耷拉着脑袋回家，一脸不高兴。妈妈像是我肚子里的蛔虫，一看便知道是怎么回事，她总会到商店再买一个回来，悄悄放进我的口袋，之后再告诉我弹弹球又飞回来了。可没过多久，我又弄丢了。于是，一个商店，妈妈要去好几次。每次，摸到口袋中的新弹弹球，我的心里都甜甜的，这是记忆中宽容的味道。

　　童年的时光已经一去不复还了，可这种味道一直浓浓地裹在我的心头，伴随着我茁壮成长，令我回味无穷。

漂流瓶课堂的欢笑

杨　婧

　　今天上午的作文课上，俞老师拿来三个形状不一、大小不同的透明瓶子。我心想：这些瓶子拿来有什么用呢？是用来装水的吗？

　　正猜疑之际，俞老师神秘地对我们说："同学们，今天我们来玩一个游戏叫漂流瓶，游戏的规则是先按要求把内容写在纸条上，然后折好放进指定的瓶子里。"一听到玩游戏，教室立刻像炸开锅似的，同学们高兴得手舞足蹈。老师提高嗓音连喊了三声安静后，教室里才渐渐安静下来。老师依次把大小相同的白纸，按照小组发下去。然后安排每个组同学在白纸条上写上不同的内容。第一小组写谁，第二小组写什么地方，第三小组写干什么。老师还再三叮嘱："自己写的内容一定要保密！"老师话音刚落，同学们便兴奋地写起来，很快就写好了。然后迅速地把纸条折起来小心翼翼地投进老师指定的瓶子里。游戏怎么玩呢？同学们有的像"丈二的和尚——摸不着头脑"，有的议论纷纷，有的则伸着长长的脖子等着老师宣布接下来的游戏活动……

待同学们一阵闹腾后，老师微笑着说："接下来，我请三位同学上台'抽奖'，然后按顺序读出内容。"第一位"抽奖"的是王亮同学，只见他快速走到讲台前，先碰了一下漂流瓶，接着毫不犹豫地拿起一张，很快又缩回手去拿了另一张。第二位"抽奖"的是我，我兴致勃勃地走上去，迅速拿起一张纸条，站到王亮边上。第三位"抽奖"的是李玉，他翻了老半天才拿起一张。我们打开纸条一看，不约而同笑起来。同学们都想拥上来看个究竟。老师让我们按顺序读出来。我们边读边笑，一读完，同学们都笑得前仰后合。我们凑成的句子是"老师在五行山刷牙"。"抽奖"继续进行，漂流瓶里飘出一个又一个好笑的句子，有"王亮在澡堂睡觉""王敏在天空吃早餐"等。同学们的笑声一阵高过一阵，教室里洋溢着快乐。

活动结束后，老师叫我们把刚才的游戏记录下来，同学们都兴奋地拿出作文本，奋笔疾书，完全没有了写作文的苦恼。

玩得真开心

赖桢元

今天作文课上，冯老师领我们玩了一个游戏"写纸条"，乐得我们合不拢嘴。

游戏的规则是一组同学在纸条上写"时间"，二组的同学写"人物"，三组的同学写"地点"，四组同学写"事情"。每一组选一张，连成一个句子读出来。

　　老师给我们每人发了三张小纸条。开始写纸条了，有的同学抓耳挠腮，不知道写什么，有的同学喃喃自语："要害谁呢？"我写的是"人物"，我心想：先来个老人角色！我在纸条上写"秃顶老头"。第二张纸条，我绞尽脑汁也想不到写什么，心想：那就正常点，我在第二张纸条上写上"初中生"，最后一张了，我想：要害谁呢？好多同学的名字我都不会写，写家里人又没意思，对了，我可以写冯老师啊。想到这，我赶紧在纸条上写下名字，再看看同学们，他们都在奋笔疾书。

　　老师收上去，打乱了次序，又给我们分组，我们组是读"人物"。老师下令："开始！"一组同学淡定地说："晚上。"二组同学："秃顶老头。"我想：这么快就读我的，可以！三组同学乐翻了："在花园里。"我看了看纸条，捧腹大笑："刷牙。"我们组成的句子是：晚上，秃顶老头在花园里刷牙。全班同学都笑了，有的笑得嘴巴成了"O"形。我更是笑得肚子都疼了，差点倒在地上。

　　游戏继续，每个句子都奇怪得很。我印象最深的就是"凌晨冯老师在厕所里发呆"和"中午数学老师在大海里吃中药"了。听到这两句，有的同学碍于情面转过身去偷笑，有的不管不顾笑得上气不接下气……

　　这节作文课就这样在欢声笑语中结束了。这个游戏给我们一个深深的启示：写作文不能胡乱搭配词语，不然就会闹出写纸条游戏的笑话。

赏　竹

晓　鹿

又到了一周一节的综合实践课了。这节课与往常不同，因为老师将要带领我们到寒假竹制工艺品的展室和摆有同学们的习作、书画、摄影作品的架空层走廊进行参观。

预备铃一响，同学们就迅速地排好了队，迫不及待地向实验楼走去。在展室门口稍等片刻后，我们便走进去参观了起来。走进展室，我仿佛走进了一个新世界，墙壁漆成了黄色，只有一半的竹子长长短短地排列着，有一种不规则的美感，使我眼前一亮。墙上写着关于竹子品质的词：质朴、奋进、正直、善群、担当、卓尔、虚怀，与一旁参差不齐的竹子相配，别有一番风味。屋内的展览桌呈长方形，上面摆着琳琅满目的竹制工艺品，让人目不暇接。

老师一声令下，我们开始自由参观。首先映入眼帘的是一株株绿色植物，我心想，这与竹子有什么关系吗？走近了才发现，原来这些植物的花盆是由一节一节竹子做成的，中间挖了几个洞，放入泥土，种上绿色植物，就成了一个别具特色的竹盆栽。翠绿的花盆加上鲜艳的花草，远远望去，就好像一条条绿舟，显示出勃勃生机。

慢慢地往前走，作品《雅居》使我印象深刻。这是由许多竹签做成的，做工巧妙，十分精致，作品有风车、有凉亭、有小径、有信箱，再加上树叶的点缀，仿佛就是一个真正山中雅居的缩影。

除此以外，还有许多有趣、精致的作品：有风筝、有茶具、有竹篮、有秋千……应有尽有，每个作品各具特点，美不胜收。

参观完竹制品后，老师又带着我们参观习作、书画、摄影作品。让我印象深刻的是一幅摄影作品《向上、向善》。这张照片以独特视角，把竹子在初阳下的朦胧感拍了下来，充分体现了竹子虚怀亮节、节节高升的品格。在观赏之余，我抬头向四周观望了一下，只见同学们有的在仔细观赏，有的在低头做笔记，有的在与同学轻声讨论……

很快，这次参观在依依不舍中结束，我们站在作品前，久久不肯离去。"虚怀、亮节"四字在我心中又有了不一样的定义。

一堂别开生面的综合实践课

荠茉

星期五下午的综合实践课，老师带我们去参观学校同学亲手制作的竹工艺品。展览室是一间米黄色的优雅教室，一进门，一股竹子特有的清香扑鼻而来。

放眼望去，首先映入眼帘的是一只可爱的小象。圆圆的竹匾作为脸，两只用卡纸做成的粉红色大耳朵贴在两边，圆溜溜的大眼睛天真地望着你，真惹人喜爱！

转过身去，一些种有植物的工艺品引起了我的注意，我走近了些，蹲下身细细观察。竹子的清香与泥土的芬芳混合起来，形成了一种很好闻的味道，扑鼻而来。泥土里种着多肉植物、一截挺拔的类似竹子的小植物和一簇红艳艳、说不上名字来的小花。再看看这幅作品的名称——《欣欣向荣》，细细品味一下，好像真有点欣欣向荣的味道呢！

起身环顾四周，同学们都在认真地观察、记录呢！这时，旁边的一个同学拉了拉我，指着一个被许多同学围住的角落，说："我们也去看看吧！"挤进人群，一个精致的工艺品展现在我眼前。作品名称是《雅居》。一片木板垫在下方，周围铺上了一丛丛绿绿的草，中间还点缀着一两颗黄中带红的果子。一架竹制风车和一座凉亭立在其中，做工非常精致，风车轻轻一吹就能转动，凉亭里还有桌椅，一棱一角，明显突出，似乎真的可以让人们在里面沏茶聊天，真不愧是"雅居"，难怪拥有超高的人气！

同学们正对它赞叹不已时，老师让我们排好队离开了。大家都觉得意犹未尽，想再多看几眼。这不是一堂综合实践活动课，而是一场让大家大饱眼福的赏竹活动课！我想，老师应该是用心良苦吧！

彩色的瞳仁

　　天是蓝的，草是绿的，花是红的……世界上多彩的东西很多，可是，彩色的瞳仁，你见过吗？然而就是这彩色的瞳仁，使我不断进步，让我懂得了什么是苦和甜。

我的新语文老师

廖雅煊

烈日炎炎的暑期过后，又迎来了开学季。与往常不同的是，听说我们班语文数学老师都换了。

开学那天，同学们满心欢喜地来到新教室。我们四处张望着，都想看看两位老师究竟是"何方神圣"。"啪嗒，啪嗒"只听见高跟鞋发出的清脆响声。我循声望去，看见一位瓜子脸，柳叶眉，眼睛炯炯有神，扎着麻花辫，身着一袭黄色连衣裙的女教师向我们走了过来。当老师站立在讲台上时，吵闹声戛然而止，同学们都目不转睛地看着这位老师。老师面露笑容说："同学们好，我姓冯。大家可以叫我冯老师，也可以叫我二马老师，不过要小声点。"这句话逗得我们班同学哄堂大笑。幽默可亲是冯老师留给我的第一印象。

可好景不长，开学没两天，冯老师便给我们来了个下马威——开学小测。考试卷一到手，同学们都傻眼了，那题型要多怪有多怪：语文是什么？语文学习学什么？介绍一位你最喜欢的语文老师？自我介绍……同学们傻愣了好一会儿后，才缓过神来开始奋笔疾书。二十分钟后，时间到了，冯老师说："三——二——一，时间到，收卷。"这时下课铃声正好响了起来，惹得全班又一次大笑起来，冯老师也笑出声来。不按常理出牌是冯老师留给我的第二个印象。

记得还有一次，冯老师把我叫到了她的办公室，我着实惊呆了，心想："什么事呢？请去办公室还是头一回啊？"我忐忑不安地走向办公室，走到冯老师桌前屏住呼吸，等着挨批。"廖雅煊，你这篇作文写得不错，如果能在篇末点题就更好了。"老师和蔼地对我说。咦，怎么没按剧情发展？我松了口气，原来是面批我的作文。后来，冯老师还告诉我一些写作文的方法。工作认真负责是冯老师留给我的第三个印象。

这就是我的新语文老师，幽默风趣，温柔可亲，对待工作认真负责，我们班同学都喜欢她。

老师与我的约谈

范露笛

今天傍晚，我和往常一样，坐在那静悄悄的办公室里写作业。突然，妈妈走了进来，打破了办公室的寂静："快，收拾东西，去苏老师办公室，有事情找你！"我的心"咯噔"一颤，"苏老师找我有什么事？是不是要批评我？我哪做错了？"我怀着忐忑的心情来到苏老师的办公室……

我推开门，用蚊子般的声音喊了一声："报告。"苏老师见我来了，露出了温柔的笑容，亲切地对我说："你过来看看，你的作文，讲讲你写得好的地方在哪？不好的地方在哪？"听完了这句话，我心里悬着的一块石头终于落下了，我走进办公室，翻到我的那篇作文，一下子愣住了：首先映入眼帘的是红色的修改符号和改动后增添的小字，密密麻麻，这儿一簇红，那儿一簇圈圈点点。那篇作文简直像是动过大手术鲜血淋漓又绑上绷带的人一样。苏老师让我再读一遍作文，让我说说不足的地方。半天我只说出了一点，我以为苏老师会生气，可苏老师却怜爱地搂着我，细心为我讲解，问我能够为自己打几分，我虽然没有说，但我心里已经给自己打了个七十五分。苏老师拍了拍我的肩膀，"好了，我不为难你了。"说着，苏老师翻开了汤雨轩的作文，让我阅读并学习他平日用心观察、注意细节描写到位的地方。接着又让我欣赏周欣怡的作文，共评作文优劣之处。

虽然只有短短的二十分钟，却让我和苏老师彼此的心更加亲近了。苏老师抬起头，用亲切的目光看着我，微笑着说道："说话太小声，你唱歌时的百灵鸟声音飞到哪儿去啦？一定要把它找回来哟！"说完，苏老师弯下腰，笑眯眯地刮了刮我的小鼻子，我害羞地笑了，最后我们勾手约定。

看着苏老师远去的方向，刚才的一幕幕又浮现我的眼前，轻声细语的交谈，循循善诱的指引，笑容可掬的神情，童心未泯的勾手约定……让我感觉苏老师就像我的妈妈。我暗下决心，争取做到胆大心细，让百灵鸟悦耳的声音时时盘旋在我的上空，传递我的心声。

彩色的瞳仁

戴安玥

天是蓝的，草是绿的，花是红的……世界上多彩的东西很多，可是，彩色的瞳仁，你见过吗？然而就是这彩色的瞳仁，使我不断进步，让我懂得了什么是苦和甜。

第一次见到张老师时，就见她高挺的鼻梁，长头发像黑宝石一样有光泽，嘴角边的酒窝若隐若现。在她漂亮的五官衬托下，大眼睛中，她的瞳仁是咖啡一般的褐色，浓稠而高贵。她对进入教室门的每一位学生都付之一个微笑，使我的心里一阵放松，让我想停下来好好回味那平易近人的笑容。

不过时间从来不容许我们有任何的停留，我们的生活就像在演电影一般，假如在中途离席，再次回来时，就早已换了另一个世界了，因为它从未，也无法按下暂停键。

转眼，时间过去了两年，六年级的我，在经历了一个暑假的大量写作和阅读，写出来的作文被老师当作范文在全班点评。当时，张老师向我投来的眼神是金色的，就像太阳般的金黄色光芒，给予我鼓励，让我的心里有了一种动力，还有一种被认可的兴奋。而那个眼神同时又仿佛在说：不准骄傲哦。

校运会上，当我冲过那代表胜利的红线，扶着门在那里气喘吁吁的时候，张老师笑着走过来说："已经很棒了！赶紧休息一下吧。"我一抬头，就能看到那时张老师的瞳仁是红色的，就如同在烈日下熊熊燃烧的火炬，传递着一种热烈和喜悦的心情，使得早已累得上气不接下气的我也被她快乐的心情所感染了。

也就在前不久，半期考刚结束一段时间，我就被张老师叫到了办公室。她的面容异常严肃，她告诉我，这次我写的作文离题了。那一刻，我感觉这句话就像是给我当头浇了一盆冷水，让我的心情跌入了谷底，心里比吃了苦胆还要苦。接着，张老师便很耐心地给我讲解，细长的手指时不时地在试卷上圈点着，没有丝毫的不耐烦。我在办公室里听了很久，最后，当我走出办公室时，脑海里还浮现出张老师那严肃、认真的黑色瞳仁。

这两年多，我认识了一个平易近人，关心学生，对工作一丝不苟的张老师。而这些，都是她彩色的瞳仁告诉我的。

谢谢您，我敬爱的老师

陈 瑜

每个人的茁壮成长，都需要有个伟人的相伴，这个伟人就是老师。没有了老师，就像花儿没有了露水，不能茁壮成长；没有了老师，就像帆船没有了帆，不能迎风远航；没有了老师，就像电灯没有了电，不能继续运作。在我的小学生涯里，也有一位让我难以忘怀的伟人。

她是我小学三年级到六年级的语文老师苏老师。苏老师的头发是褐色的，总绑着一条马尾辫，密密的刘海儿垂在她那水汪汪的大眼睛上。鼻梁上架着的那副眼镜，让许多人都觉得苏老师是一位知识渊博的博士。在我的记忆长河里，苏老师对我说过最多的一句话就是"一分耕耘，必有一分收获"。

就读三年级时，学校科技文化艺术节要举行科幻画比赛，苏老师找到了我，和蔼可亲地问："陈瑜，怎么样？要不要去参加画画比赛。""不不不，我不行的。"我忙摇摇头，"我画画不好看。""没有试过怎么能妄下结论呢？"苏老师似乎看出我内心的不够自信，鼓励我说："去试一试吧，只要努力就会有收获。"听着老师温和的话语，望着老师柔和的目光，我不好推辞，只好点头答应了。在接下来的设计、打稿、勾边、涂色中，苏老师总会给我一些恰到好处的建议。有了这些建议，我的画渐渐完美起来，最终获得了一等奖，还被送去参加了三明的评比，获得三等奖。苏老师给我颁奖时，满脸笑容地对我说："我说得没错吧，一分耕耘必有一分收获！"

不仅如此，在作文、写字及其他方面的学习训练中，苏老师对我的教导也不胜枚举。每逢我用"我不行"这句话敷衍老师时，老师总用"一分耕耘必有一分收获"来反驳我。在老师的不断支持、鼓励下，我总能收获不凡的成绩。

好一个"一分耕耘必有一分收获"啊！正是苏老师的这句话，让我拥有了一段丰富多彩的小学时光。我感谢老师的那句话，感谢老师对我的不断支持与鼓励。敬爱的苏老师，我不会忘记您的。我是您永远的学生。

我爱踢足球

罗 皓

每当我不开心、哭泣、烦恼、忧愁时,是足球运动赐予我新的力量,之所以我爱足球,是因为足球是我的朋友,是我形影不离的好朋友。

不知从什么时候,我喜欢上了足球,甚至一天,一时,一刻,也离不开足球,足球简直成了我生命中的一部分。我的卧室里有好几个足球,学习桌下一个,床头柜上一个,床底一个。墙上的足球海报,更是数不过来,一张,两张,三张,四张……这些海报犹如维也纳的音乐厅一般星罗棋布贴满墙壁。这些海报不但个性鲜明,而且人物姿态各异,有的用脚踢足球,有的上前抢足球,有的在防守对手,还有的在进球后尽情地欢呼。每当看到这些海报,我就犹如一名足球运动员,在世界的舞台上,尽情展示自己,让全世界的人们看到我创造出无数的成就,无数的记录,无数的辉煌。

我知道,当一名足球运动员非常辛苦,例如:每天训练,打比赛等。不光这些,要成为一名真正的足球运动员,不但要有强壮的体魄,结实的肌肉,充足的能量,还要不怕困难,因为在比赛中如果受伤,要休息很多天才能伤愈复出的。我常对自己说:"我不怕,怕的话就没有当足球运动员的胆量。"

我真心地爱足球，喜欢足球，我甚至把足球当作自己身体的一部分，当作我生命的一部分，再夸张点说，离开了足球，我就无法学习，无法生活。

　　足球，赐予了我力量。因为足球，我理解到成为一名真正的足球运动员，成为一名真正的职业球员，需要付出多少心血！我将为我的梦想努力前行。

我和足球的故事

初　夏

　　"学校的卓尔运动场竣工了！""我们可以踢足球了！"同学们欢呼雀跃，我也兴奋不已。

　　傍晚，我和几个好朋友坐在宽阔的绿茵足球场上，抚摸着场上一寸寸绿草，望着那一抹快要消失的余晖，不禁想起我和足球的不解之缘。

　　一个秋高气爽的周末，儿时的我在阳台上玩耍，摸来摸去，兴奋地打开了一个已经泛黄的皮箱，里面有许多旧玩具，其中有一个又大又圆的球，我抱起它跑去问爸爸是什么球。爸爸告诉我是足球，还讲了不少关于足球的故事。我听得入了迷，心想：要是我会踢足球该多好啊！爸爸看出了我的心思，便提议去楼下的小广场踢足球，我激动地跟着爸爸来到广场。

　　爸爸先教了我足球的动作要领，我认真地学着，半个小时后，我基本上掌握了一些方法，虽然不是那么熟练，但我依然觉得自己很棒。我和爸爸来了场友谊赛，各自站在了球门前，我先防守，等待着爸爸射门，爸爸射门了，我目不转睛地盯着足球想做一扑，却"哐当"和大地来了个亲密接触，就差那么一点点，我不服气！我们继续比着，直到夜幕降临，我和爸爸才依依不舍地回家。

从那以后，我迷恋上了足球，每天傍晚，只要一有时间，我就会抱起足球到楼下的小广场练习踢球。每当有足球赛时，我每场必看，常常在镜头前模仿着运动员的动作，仿佛自己也在场上。当我喜欢的队赢时，我会为他们喝彩，他们输球时我们一样会遗憾……

该回家了，同学们的呐喊声喊醒了我，我这才回过神来，望着那片绿茵茵的场地，会心地笑了！

拥抱足球

曹思洋

我喜欢足球，喜欢带着这黑白的精灵在足球场上奔跑，享受着运动带给我的快乐！

我长得比较瘦弱，从上幼儿园开始，爸爸就叫我跟着他学踢足球。当我第一次抱起足球，我才真正认识了它的"庐山真面目"，原来它的表面有许多六边形。一开始，我就只知道对着足球一脚踢过去，不是把球踢飞了，就是没踢着。慢慢地，我与它在空旷的操场上随心所欲地奔跑。看着足球像个快乐的小精灵一样在草地上欢快地滚动，而我紧随其后，让我感到无比的快乐！

现在我读小学了，我们学校有一个绿茵茵的足球场，那里是同学们最喜欢去的地方。体育课剩下的十几分钟，老师让我们自己练习踢足球，我们高兴地抱起足球就开始踢比赛。只见我们队的马林用力飞起一脚，足球像离弦的箭朝球门飞了过去，可惜踢偏了，球砸在了球门的杆子上。球被高幸抢了去，我跑过去要断他的球，他便下意识地把球踢出了界。现在是刘凯发球，他一用力，把球踢得很高很高，马林配合地跳起来，"啪"的一声，足球像一枚导弹直直地飞向球门，大家都为这一脚漂亮的射门欢呼！美好的时光总是那么短暂，下课铃声响起，十几分钟的运动，汗水湿透了我们的衣服，我们享受着足球带给我们的快乐！我多么憧憬与它再次并肩作战，与它再次相拥啊！

拥抱足球，不知疲倦、畅快淋漓地在足球场上自由奔跑，那份无拘无束、畅快淋漓的感觉真是人生一大快乐！我越来越喜欢足球，梦想成为像梅西一样伟大的足球运动员，代表中国队在世界杯的赛场上奔跑，让中国足球早一点、快一点走向世界！

未来的教室

吴俊辰

光阴似箭，日月如梭。转眼间，已经到了二〇九一年。这个时候的教室可高级了。现在的黑板，老师用粉笔写字时，笔屑就会在空中飘扬，但是未来教室的黑板上端有了十分高级的笔屑吸尘器，笔屑一飘起来，吸尘器立刻吸进去，吸到一定的程度，吸尘器就会做出一支崭新的粉笔。如果老师要开课件，电脑会根据老师的口令来自动调节课件，这样老师只要说不用动，电脑就会乖乖听话。教室的墙壁也很高级。它会随着春、夏、秋、冬四个季节的变化而自动更改图案。春天，墙壁上满是盛开的花朵儿；夏天，墙壁上满是无数荷花在池中；秋天，墙壁上满是落英缤纷的枫叶；冬天，墙壁上满是漫天飞舞的雪花。这样，大家就可以放松心情，开开心心地上课了。未来教室里，最高级的要数课桌椅了。桌面就是一块电脑屏幕，如果你上课睡觉，课桌就会向你发出警告声；如果你坐姿不正确，椅子就会震动，提醒你端正坐姿，并且伸出小小的"手"，把你摆到正确的位置。教室的窗户也很奇特。夏天，天气闷热，窗户就会变一台"大空调"，给教室里送来冷气；冬天，大雪纷飞，这台"大空调"就变成了取暖器，给教室带来温暖，这样既节省了电能，又保护了环境。最高兴的要数值日生，轮值可以减负啦！一到扫地时间，"扫地无敌机器人"就出动了，它们可以在短时间内扫完，而且扫得非常干净；如果忘了关窗户关灯，清校时，窗户会自动关上，灯也会自动熄灭了。我相信，以后随着科学技术的发展，未来一定会有这么先进的教室。

未来的房子

廖梓恬

欢迎您来参观我设计的未来房子。

未来房子共分四层。地下一层是停车场，场内配备家庭影院，主人足不出户也能享受汽车影院带来的震撼。地面上则有三层：红色的房顶，墙白得如雪一般；几株绿油油的爬山虎贴在墙上，墙边的茶花争奇斗艳。告诉你一个小秘密，这幢房子不管过多少年都永不褪色、永葆崭新！因为我用高科技的纳米颜料涂漆呢！

　　走进房子，第一层是客厅、厨房和餐厅。客厅的茶几可神奇啦，茶几上有一颗红色的按钮，可以按照你的喜好变换茶几上的茶叶、甜品和水果，口味也可以按照个人喜爱调节。若对茶几的款式不喜欢的话，也可以按一个蓝色按钮，茶几会变成你喜爱的样式。沙发能随个人喜好调节松软程度，让人坐着更舒服。厨房的桌子上有来自各国的科学食谱，如中国北京烤鸭、日本寿司、泰国咖喱饭、美式牛排、瑞士奶酪火锅……您只要选择好您的菜单，一会儿机器人管家就会为您端上美味佳肴。

　　第二层是卧室。那可神奇啦！在你睡觉前，卧室会根据你的心情及室外的温度来调节室内的温度，再播放着你喜欢听的音乐，让你一觉睡到天亮。

　　第三层是多功能书吧。你只需对准屏幕，说出你想阅读的书籍，屏幕立即出现相关的书目，伴随轻音乐来场心灵之旅，绝对是一种精神享受。

　　未来的房子最神奇之处就是，您只要站在每层的指定位置，说一声我要去哪，你就会被自动运送到想去的楼层，既方便又快捷还省力呢。

　　这就是未来的房子！怎么样？是不是非常神奇、舒适而温馨呢？

我的梦想

林军杰

小时候，每当看着主持人站在耀眼的舞台上主持节目时，我总是会冲着爸爸妈妈说："我以后长大了要当一名主持人！"这时，他们只是笑笑地看着我，似乎认为我的话很可笑。其实，他们不知道，这时，一颗梦想的种子已悄悄地种在了我的心里……

我常常自娱自乐，陶醉在自己的梦想里。有一次，我躲在房间里，把门锁上，然后把我所有的毛绒玩具都摆在床上。我站在它们中间，大声地宣布："第一届动物晚会，现在开始！"然后，我就一会儿学着小熊说话，一会儿学着小鱼说话，让他们一个个上来"表演"。我自然就是这场"晚会"的节目主持人。我一会儿说："大家看，小鱼真棒，请鼓掌！"一会儿又说："下面有请小熊上台表演！"不知什么时候，爸爸推开门走了进来，看到这情景，大笑了起来。我却完全不理会爸爸，继续独自沉醉在我的小小世界里。

为了我心中的梦想，上四年级的时候，我主动要求妈妈给我报了主持人兴趣班。每到周末，我都会准时来到青少年宫学习主持节目。每当老师把教材发下来时，我总是一遍又一遍地练习，总要练到滚瓜烂熟才肯罢休。现在，那一叠厚厚的材料，我都能流利地背下来了。

我经常躺在床上，幻想着如果有一天我成为主持人，那生活多么美好。我成了观众心目中的偶像，人们关注的焦点，父母心中的骄傲……想到这些，我常常不自觉地笑出声来，弄得爸爸妈妈像丈二的和尚——摸不着头脑。

我想，如果有一天，我的梦想变成了现实，我要用麦克风传递世间的快乐，用我的话音传递人间的真善美，用我的人格魅力去感染他人……我的梦是渺小的，但中国人民千千万，千千万人的梦想就像一只只小船。如果你的梦，我的梦，他的梦交汇在一起，就能够让梦想变成一艘万吨巨轮，带我们驶向成功的彼岸！所以，让我们为伟大的中国梦而努力奋斗吧！

放飞梦想，扬帆起航

伏 辰

我们每个人都有自己的理想和追求，都有自己的梦想，我也不例外。小时候，我幼小的心灵里就播下了一颗美好的种子——长大了当一名画家。

有这个梦想源于一次偶然的机会。那一次，我的脚受伤了，待在医院的日子简直是度日如年，妈妈为了安慰我，给我买了几本画，我看过后就有了想画画的冲动，我要求妈妈给我拿来纸和笔，开始涂涂画画。这是长城，那是天安门，我独自陶醉在小小的画画世界中。此时，那颗理想的种子也悄然播下。

五岁时，父母给我找了一位美术指导老师，学习画画。有了老师的指导，我更加喜爱画画了，心中的梦想也更加坚定了。我知道，没有谁的梦想不去付出即能实现，梦想的实现要靠不懈的努力与坚持。每个星期六，我都会上老师家学画，不管刮风还是下雨，不管严寒还是酷暑，从不间断。上课时，我仔细倾听老师的教导，回到家里，勤奋练习。为了心中那个美好的梦想，我总是乐此不疲。

为了提高我的画画水平，我并不满足于画画老师的指导。平时，我经常抽空学习书画知识，观看书画新闻，欣赏书画作品，特别是对描绘祖国风景的书画作品情有独钟，因为我觉得他们在用自己的方式赞美祖国的大好河山，那也是我心中美好的梦想。

功夫不负有心人，如今，我的作品已多次获奖。但是我知道这离我的画家梦还很远很远，我一定要继续努力。我也深知，在追梦的路上，挫折、打击总会接踵而至，但我坚信，只要多一份自信，多一份坚强，我终会踏入梦想的殿堂！

奋斗让梦永不落

依 夜

每个人都应该有梦想，有梦想才有奋斗的方向。纵观千百年来，华夏子孙不曾在岁月的流逝中消磨奋斗的精神，他们为梦想勇敢前行，书写了一部部壮丽的梦之光诗篇。

一百多年前，林则徐怀揣民族复兴、强国富民的梦想立下了"若鸦片一日不除，本大人一日不回"的禁烟之志，让虎门硝烟四起，向世人宣告了中华民族不屈服的决心。但被奸人所害，林则徐遭贬，可这并没有削弱他的奋斗精神。他仍时时关注着国中之事，注意着侵略者的动向。他治水有方、镇压刀客、巡视边疆……他为国为民，全力奋斗一生。

回顾历史，中华民族从来不乏为梦想而努力奋斗的人。举世闻名的周恩来总理，少年时就树立"为中华之崛起而读书"的宏伟梦想。他为旧中国寻方向，经过不懈努力，终于实现了毕生的梦想。众人皆知的"水稻之父"袁隆平，他为了实现提高粮产的目标，在困难面前不退缩，一粒小小的种子，却让中国人过上不再饥饿的美好生活……是的，因这一代代人的努力奋斗，才使得梦之光永不停落。

我也有自己的梦想。我的梦想没有先人不朽，没有前辈惊人。我只想做一名作家，尽我微弱的文笔之力，用一行行朴实的文字、一句句平凡的言语，写下生活中那些平常却不平凡的点点滴滴，宣扬人世间的真善美，揭露人世间的不堪与腐败，揭示当今社会危害人体健康的"毒瘤"，让炎黄子孙过上健康向上的快乐生活。

波涛汹涌的大海恍若梦想之路，让我们扬起稚嫩的风帆，架起小小的船，用先辈的奋斗精神激励自己，在"乱石崩云，惊涛拍岸"中奋力远航，让中国梦之光永不落。

写给2035年的自己的一封信

罗宇帆

亲爱的自己：

你好！

当你看到这封信时，已经是2035年了。那时候，你已经二十九岁了，不再是小孩子了。

现在的我，正在阅读习近平总书记在中国共产党第十九次代表大会上的报告。报告上说："从2020年到2035年，在全面建成小康社会的基础上，再奋斗十五年，基本实现社会主义现代化。"这正好是你看见我写的信的那一年，从那一年开始，你的生活一定变得不一样吧？生活一定很美好吧！现在的我期待着你的回信。

我的理想是当一名心理学家和作家。当然啦，我很擅长写小说的！那时候的你，或许已经超过了我的期待，成为一名优秀的作家，为下一本书在电脑上疯狂打字，发挥自己的脑细胞能量。放心，我会先为你写一个开端的，或是坐在诊室，为一个个病人排忧解难吧！这样平平淡淡，有悲有喜的日子真好啊！可是，报告说到那时科技实力将大幅跃升，会不会有机器人来和我抢工作呢？

报告上描绘的蓝图我也特别感兴趣，那就是美丽中国会基本实现。我仿佛已经看到了那时，到处是鸟语花香，到处是人与自然和谐

相处的场面。我一定当一名"背包客",到处游览祖国的大好河山,想到这儿,我就激动不已。

同桌还告诉我一个消息,2039年中国会是世界第一强国哦!2035年的自己,你也可以写一封信给2039年的自己,去问问她,中国会变成什么样呢?还要给2050年的自己写一封信,因为到那时候,祖国将建成为富强、民主、文明、和谐、美丽的社会主义现代化强国。

俗话说:女大十八变。那时的你一定和祖国一起进步、成长为一名自信、健康、漂亮的现代女性。十八年过去了,你的心智一定成熟了,也懂得了很多的道理,不再是那个还有些幼稚的女孩了,祝你每一天都活得精彩,活得自在。

祝愿祖国越来越强大!

罗宇帆

2017年11月5日

我想去穿越历史

杨振成

打开记忆的闸门,童年时期的我,老是想拥有时空穿梭机,回到过去,认识那些活在课本里的诗人,想近距离与古代诗人交谈,甚至想在古代的大街上游玩嬉戏,认识那些和我一样大的孩子们。

我想穿越历史,想看林则徐的虎门销烟,想看洪秀全痛击洋枪队的大快人心,甚至想知道元谋人是怎么生活的。我想去与唐宋八大家结识，可以很骄傲地告诉他们，他们的诗在现代深受人们喜爱，想与他们欣赏诗中的明月、山水、树木。我想要亲眼见见大名鼎鼎的"诗仙"李白，这个旷世奇才的诗作有着独特的风格，雄浑豪放、慷慨激昂，同时也颇具人格魅力，我要是能穿越历史，我一定问问他的作诗灵感从哪来的，再虚心拜他为师，与他吟诗作赋。我还想去拜会柳公权及一些书法家，感悟其书法的风骨与奥秘，恳求他们把写字本领传授给我。

我曾不止一次猜想，他们的习俗跟我们相同吗？假如我穿越到古代，我一定要在那居住下来，那里，没有汽车发出的噪音，没有工业排放物的污染；那里，有繁华的街市，有亲切的乡土气息，令人神清气爽。但是，电视上或课本里都讲到以前的生活是很艰苦的。清朝末年，中国落后，处处挨打，如"火烧圆明园"，英法联军在北京圆明园烧杀抢掠，无恶不作，令人气愤不已。人民过着吃不饱睡不好穿不暖的生活，后来中国强大起来痛击西方列强，令人心潮澎湃。我想穿越历史，成为其中的一员。

想穿越历史，是我一直以来的愿望。

我是一棵树

翁 歆

我是一棵矮矮的、不起眼的小树。我爱我生活的地方，那是一个安静的小村子，里面住着我的亲人和伙伴。我们快乐地成长，幸福地

生活。

春天来了，春姑娘用她那美妙的声音，唤醒了沉睡已久的我。我睁开惺忪睡眼，享受着阳光带来的温暖，一阵和煦的春风吹来，我们"沙沙"地向对方问好。这时候，小鸟也"喳喳"地叫着，美丽的蝴蝶扇动着翅膀，似乎想给这片宁静增添更多美丽。此时，一场春雨来临了，雨水滋润着我的身心，让我精神十足。我满怀幸福，享受着大自然带给我的一切。雨后，采蘑菇的小姑娘来了，她们采走的是蘑菇，带来的是满怀的好心情。

在阳光的沐浴下，在春雨的滋润下，我以崭新的面容送走了春姑娘，迎来了烈日炎炎的夏天。夏天是我们生长的好时节，却没有令我高兴。一场狂风来袭，我和小伙伴手拉手挡住暴风。暴风不甘失败，又找来了山洪。我们摇摇脑袋，在雨后的阳光下显得更加朝气蓬勃。身上存留下的晶莹的雨珠，在阳光的照耀下闪闪发光……

时间在无情地流逝着，人们手中的日历一张张翻过。秋天到了，我那翠绿的衣裳在岁月的年轮里变成了黄色，我那青春的面容在无情的岁月中也消失不见了。一阵寒风吹过，我冷得直打哆嗦，树叶也像只只蝴蝶，翩飞着离开我的枝丫，投进了大地妈妈的怀抱。随着秋的深入，我那原本苍翠茂盛的树冠，变成了光秃秃的枝丫。

一场大雪昭示着严寒的冬天来到了，我进入了冬眠期。在那个银装素裹的世界里，我独自静立，却意外地被雪打扮得更加漂亮。那些银条儿和雪球儿被爱好摄影的人们拍摄、定格，成为永恒。远处的广场上传来孩子们的欢笑声，那是堆雪人和打雪仗带给他们的欢乐，这份快乐也深深地感染了我。是啊，冬天已经来到，春天还会远吗？我相信，明年的春天，我一定会绽放出更加迷人的光彩！

我是一棵树，我为我是大自然中的一员而骄傲！

我愿化作一缕轻风

陈语宸

风,行踪不定,却又无处不在、无孔不钻、无缝不入。风,没有形式,看不见,摸不着,却能真切地感受到它的存在。

我愿化作一缕轻风,飘荡在天地之间,无处不去,却又不去一处。我可以穿行在石缝间,一丝一缕,无缝不入;还可以跟随着北风哥哥或南风姐姐,又或任何一股缥缈的风,跟着他们,肆意地行走在天地间,时而高居于云层之上俯瞰大地;时而紧贴地面仰望蔚蓝的天与洁白的云组成的美丽画卷……

我愿化作一缕轻风,伴随着阴沉的天、闪亮的电、轰隆的雷,在瓢泼大雨来临之前亦作铃,为人们敲响最后一次警钟;亦作使者,为天地带去清凉降临的预告;亦作枪,轰走暴风雨来临前那一刹那的平静。雨滴落下时,我夹杂在如针一般打在身上令人疼痛不已的雨滴中,为雨幕多添一丝静寂、神秘与缥缈,为天地再增一分凉意,也为狂风加一把力,将云雨悄悄地推动一点、一点……

我愿化作一缕轻风,穿梭于人群中,为夏日拥挤的人群带去一丝清凉;或为凛冽冬季增一分彻骨冰凉。有时在竹林中,与竹共舞,在爱景的人们的视野里加一处景;还有时会兴致突起,去原始森林中投进一颗石子,将其激起阵阵涟漪……

风,无处不在,却又行踪不定,我愿化作一缕轻风,在这天地间自由自在无拘无束地游荡……

我最想发明生活机器人

张震宇

我想发明很多东西,比如:压缩房子、人造太阳、空气置水机……不过,我最想发明的是——生活机器人。它可以在生活中给予我们很大的帮助,尤其在我们生病或肢体受限的情况下,能够帮助我们解决生活中的很多基本事情,为我们的生活带来便利。

首先,这个机器人长相和我们人类差不多,都有耳朵、鼻子、眼睛……唯一不同的是没有头发。但是这个机器人的头顶上却有一排又细又短的东西,如果你不仔细观察,还真以为是机器人的头发,其实那是专门设计的"头发式排气孔"。这个排气孔的功能和我们现在的空气净化器差不多,它能不断将空气中的不良气体吸入,然后排出"天然氧气",专门对付现在的"雾霾天气"。

这个机器人的操作方法独特、简便,只要按下"心灵相通"模式,并输入你的名字,这时你心里想要干什么,这个机器人都能接到指令,并且帮助你完成这项任务,可神奇啦!

生活机器人能干的事情可多啦。比如说刷牙,接到指令后,机器人就会挤好牙膏,装好水,然后把牙刷伸入你的嘴巴,把你的牙齿刷得白白亮亮的!还有,如果老人和小孩儿无法自主吃饭,生活机器人也可以帮助他们，机器人会打好饭，装好菜，一口一口地喂饭。而且机器人还能感受你是否吃饱，科学地控制每个人每顿所吃的量，达到营养就餐。当然，机器人还能外出买菜买东西，想买什么，机器人都能感受到，而且还能知道在哪儿能买上最好的东西。

　　生活机器人的干活速度也比我们人类快多啦。比如说扫地，在一间多年没打扫的屋子里，我们人类和机器人进行扫地比赛，我们一个正常的大人大概需要两小时，可生活机器人不到十分钟就能搞定，而且打扫得比我们更干净，如此"神速"，让人惊叹不止！

　　生活机器人不仅能高效地完成很多任务，还能陪伴我们，做我们人类的小伙伴。当我们心情高兴时，它会播放快乐的歌曲，和我们一起高兴；当我们心情沮丧时，它也会播放合适的音乐，安抚我们那颗受伤的小心灵。

　　当然，这个生活机器人也有自己的短处，那就是不会做作业！哈哈！

沁人心脾的清香

　　山上的灯依旧亮着，在我的眼中轻轻摇曳。这时，我看到的仿佛不是灯光，而是由体育精神凝结而成的温暖，飘散在天空中，弥漫着一股沁人心脾的清香……

精彩的演出

廖雅煊

金秋之美，跃然纸上。今天，在这样黄叶飘落、飒爽清凉、风吹麦浪的秋季，我们班举行了竹苑舞台专场演出。

"好紧张！""嗯嗯！是啊。"同学们在上场前你一言我一语地交谈着。差五分钟就要上台了，想到要面对全校师生表演，我也不由得紧张起来。

随着进场的音乐声响起，我们的表演正式拉开了帷幕。我们班表演的第一个节目是乐器伴唱《荷塘月色》。古筝、葫芦丝悠扬的乐声缓缓响起，如潺潺的溪水一般。和着琴声，我们班的"百灵鸟"方方唱了起来："剪一段时光缓缓流淌，流进了月色中微微荡漾……"我们后排的同学拿着向日葵挥舞着，阳光和煦地洒在同学们的脸上，美妙的《荷塘月色》仿佛把我们带入布满荷花的一池碧水中，我也随声哼唱起来……不一会儿，音乐声戛然而止，我们也从那优美的意境中缓过神来。台下响起了热烈的掌声。

第一个节目结束了，紧接着是我们班两位男生的相声表演《寻梦》。那幽默的语言，抑扬顿挫的音调，也赢得了观众们的阵阵掌声。第三个节目是班里三位同学的书画展示，现场书写对联，现场素描，现场国画，短短几分钟，三位同学的作品完成了，赢得了全校师

生的喝彩！最后，是我们班的大合唱《蓝天向我们召唤》，排列成心形的队伍，声情并茂的演唱，嘹亮的歌声，整齐划一的动作，我们以完美演绎结束了这场竹苑舞台专场演出。

演出结束后，校长给我们班同学颁发了才艺之星奖状，同学们脸上都挂着灿烂的笑容。我相信多年之后，蓦然回首这场竹苑舞台，它会像起伏的波浪，荡漾在我的心头，是那样亲切而熟悉，美好而和谐……

激动人心的运动会

卢 艺

伴着习习秋风，我们迎来了一年一度的学校田径运动会！我和爸爸妈妈早早来到了田径场。

啊！绿草如茵的操场人山人海，热闹非凡，运动员们精神抖擞，都开始"热身"啦！其他同学在台上当"啦啦队"。

比赛的项目有很多：垒球、跳高、跳远、接力赛、400米跑、800米跑……最激动人心的就是接力赛，裁判员已经做好准备，等待着比赛开始，我正东张西望时，听到快要开始了，操场上忽然热闹了，两旁的观众伸长脖子，探出脑袋，真像"骆驼"！

只听见"啪"的一声发令枪响，运动员们像脱缰的马儿向前飞奔而去，他们在我眼前"闪过"，奋力向终点跑去。"加油！""加油！"啦啦队的声音震耳欲聋！全场沸腾，最令人激动的就是我们班的健将叶林！只见她像离弦的箭一样冲出去！你看她咬着牙，胸朝前探出一些，可能会跑得更快吧！可别班的同学也不服气，快要追上她了，我的心也提到了嗓子眼儿！最后我们班的同学第一个跑到了终点！大家欢呼着，跳跃着，开心极了！

这可真是一场激动人心的运动会！

前门进后门出

陈奕夫

"丁零零……"下课了，同学们像刚从笼子里放飞的小鸟，头也不回地直往门外闯。这时，只听见"啊"的一声大叫，谢丽的门牙撞在了曹益的额头上，鲜血从谢丽的嘴里冒出，吓得她"哇"的大哭起来。同学们有的被吓傻了，呆呆地站在那里不知所措，有的急忙跑到办公室找来班主任刘老师。刘老师发现谢丽的门牙松动了，安慰她，并打电话让她的妈妈带她到医院检查。

"丁零零……"上课铃响了，同学们都回到了自己的座位，但这惊险的一幕让大家都没有回过神来。"好可怕呀！""爱美的谢丽掉了门牙会不会不敢出门呀？"……同学们议论纷纷，完全没有注意到刘老师已经站在了讲台上。

"同学们，同学们，请安静！谢丽妈妈已经带她去医院检查了，大家不用担心。"刘老师说，"可是，有什么方法能够避免这样的事情再次发生呢？"同学们又讨论起来了，有的说："下课了一组一组地出教室。"有的说:"急着上厕所的举手,先出教室。"可是这一个个方案都无法令人满意。最后,还是聪明的刘老师想出了绝招:"不论上课、下课都从前门进后门出,大家互相监督,发现不守规则的同学让他重新走一遍。"大家为刘老师的这个创意直呼"妙"!

自从我们班定下了"前门进后门出"这个规矩以后,大家都自觉遵守着,我们班再也没有出现过同学之间相撞的事情了。其实,不论是在班级在校园,还是在公共场所,人们都要互相礼让,守着一定的规则。比如:乘坐公交车,前门上后门下;到超市购物,入口进出口出;停车场停车,入口进出口出……只有大家都自觉遵守着规章制度,才能让我们这个社会大家庭文明、安全、和谐。

精彩的接力赛

张皓禹

田径场上人山人海,原来,我们学校第四十四届田径运动会的重头戏——4×100米接力赛拉开了序幕。

"马上要到我们了,要全力发挥。"作为班长的我,当然应该起到带头给己方队员加油的作用。

"请检录员把运动员带上跑道,请跑道上的观众离开跑道。"广播响了,该到咱们五年级了,同学们拿过班牌,一定要跟运动员们一起跑。

"加油!努力!"

"五（2）最强，五（2）最棒！"我们班同学们的呐喊声一阵比一阵大，但不知谁出来泼了一瓢冷水："还早呢！又没开始，喊什么喊。"

终于，发令员林老师吹了一声哨子，运动员们赶紧做好准备，"砰！"发令枪开了一枪，运动员们个个迈开大步，使出"洪荒之力"。我们班的第一棒是罗俊熹，别看他有些胖，但发力之后就像离弦的箭似的飞了出去。我抄近路到第二棒起点处给我们的二棒蔡浚加油，这时，其他班跑来的观众喊："敌军还有三秒到达战场，集合，准备团战！"我定睛一看，跑第一棒的各班运动员像坦克一样开了过来，我们这些观众和陪跑的迅速离开跑道。不好！罗俊熹现处第三名，随时可能被反超，不过罗俊熹和蔡浚交接棒后，蔡浚那大长腿及时给足了力，屁股上像装了个马达似的，瞬间把要提前庆贺胜利的另一个班给赶超，还有时间转过头来和对方打个"拜拜了，您哪"的得意手势，继续向前冲去，轻轻松松就把接力棒交给了我们的第三棒王一航同学。这位王一航，别看他个矮，腿短，不爱学习，100米跑正好是他最拿手的，在关键时刻，他的小短腿以每秒3米的速度跑出。不好！一位"不速之客"赶超了王一航，按我们班吴盛美同学的话说，那个人就好比拥有"疾跑"和"闪现"外加"净化"这三种技能，妥妥地把王一航给反超了，这让我们心里刚刚放下的石头又提了起来，王一航赶紧把接力棒交给了最后一棒王浩霖。王浩霖紧握着那根神圣的接力棒，迈开他那决定胜负的腿，啦啦队的加油声越来越高，我紧张得胸口越来越闷。所有第四棒的运动员们都在不顾一切地奔跑，王浩霖用尽全力赶超跑在他前面的对手，向终点冲刺了，以微弱的差距第二个冲过终点。

虽然接力赛的时间很短暂，但我知道了，我们大家团结在一起，拧成一股绳，就能获得成功。

枯叶的启示

吴小燕

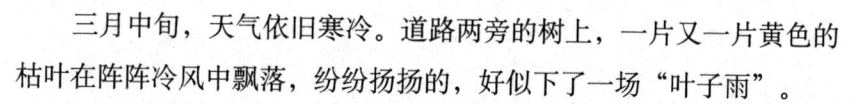

三月中旬，天气依旧寒冷。道路两旁的树上，一片又一片黄色的枯叶在阵阵冷风中飘落，纷纷扬扬的，好似下了一场"叶子雨"。

"叶子雨"一阵又一阵，有序却又无序。脚一踏上去便发出"沙沙沙"的清脆响声。捡起一片来瞧，原本以为只是叶子变黄罢了，未曾想在即将来到的春天里还会有如此多的枯叶。抬头，枯叶仍在空中飘落。突然有些难过。

枯叶是秋天的代表。如人一般从青年期到了中年期。翠色欲滴的绿叶充斥着整棵树，直至变黄、变老，渐渐飘落，没入泥土之中，却无丝毫怨言。不知怎的，想起了句脍炙人口的诗句："落红不是无情物，化作春泥更护花。"它们将自己的一生献予大树，赐予它茂密的枝叶，赐予它华丽的外表。若只是棵光秃秃的树干，又怎么会有人去瞧它一眼呢？

在那一瞬，我真正明白了亲情。父母不正像这叶吗？孩童不正像这树吗？有多少人将父母比成树，为我们遮风挡雨。可谁又曾去想过是谁装点了树，若无叶，一棵光秃秃的树又怎能为我们遮风挡雨呢？他们将大好的青春年华赠予我们，如枯叶般，渐渐变黄、变老，直至没入泥土之中，却无半点怨言。是啊，他们也如叶子般，会变老啊！

我并不知晓亲情的真正含义是什么，若只有爱，却又包含了太多。

或许我真的说不清究竟什么才是父母恰切的比拟。现在看来一片枯叶却胜过再多的大道理。

获奖的感觉真好

游一诺

弹钢琴是我的一大兴趣爱好，可我从来没有在钢琴比赛中拿过金奖，所以拿金奖是我的梦想。

我从幼儿园大班就开始学钢琴了，每次比赛，我自认为弹得非常好，可每次都让我大失所望。渐渐的，我对钢琴很反感，不爱弹琴，不想去上课，当初对钢琴的那股热情消失得无影无踪。

后来不知为何，我看着一个个学钢琴的同学上台领奖，听着一曲曲从指间流出的音乐，摸着一排排光滑的琴键。那股热情好像又被我找了回来，我重新去上课，期望在未来的钢琴比赛中获奖。

我终于盼到了又一次的比赛。为了迎接比赛，我刻苦练习，有时一弹就是几个小时，可我仍乐此不疲。我准备得十分充分，比赛那天，当我走上台，完全没有之前比赛的紧张感。一串串美妙的音符在指尖上流动，时而重，时而轻，时而欢快，时而悲伤。听着悠扬的音乐，我仿佛走进了这个如诗如画的世界里，陶醉其中。曲子弹完了，我还意犹未尽，当台下响起了雷鸣般的掌声时，我才缓过神来，开心地向评委鞠了一个躬。

比赛结束后,主持人公布了获奖名单,我居然是金奖,我开心得一蹦三尺高,笑得合不拢嘴。我走上台领奖,心里的激动简直无法用语言形容,看着其他同学向我投来羡慕的目光,我很是满足。

获奖的感觉真好!

妈妈笑了

李睿希

我喜欢妈妈笑,她的笑是那样迷人,那样的美丽。

星期天晚上,我吃饱饭就坐在沙发上看电视,忙碌了一天的妈妈还在收拾碗筷。我正在听着《菊次郎的夏天》,看着妈妈疲惫的身影,我不由自主地扔下了遥控器,对妈妈说:"妈妈,您休息吧,今天的家务活包在我身上了。"说真的,看着这么多的碗筷,我还真有些发怵。不过,打退堂鼓可不是我的性格,说干就干。

我来到洗碗池边,开始工作了。我先把洗洁精挤到海绵上,用海绵擦拭着碗的里面和周围,洗洁精的小泡泡犹如一个个淘气的小娃娃,一会儿跑到我的手上挠痒痒,一会儿又坐在碗里朝我做鬼脸。没关系,刷碗对我来说可是小菜一碟。不一会儿,脏兮兮的碗筷、盘子就被我"拿下"了。

接着,我又对着满是污点的餐桌发起了"进攻"。我拿起武器——抹布,冲向"战场",以最快的速度将一个个"敌人"消灭掉。咦,这里还有一个狡猾的"敌人",他还在负隅顽抗。我改进了手中的武器，用水把抹布浸湿，然后重点对他进行"点射"。结果，他也乖乖地投降了。好，大功告成。我抹了抹额头上的汗珠，累得一屁股坐在椅子上。

我一看，妈妈正站在门口笑眯眯地看着我呢。她走到我身边，轻轻地摸了摸我的头，说："好孩子，累了吧？"

"还可以。放假以后，这些活儿就由我来干，您好好休息吧。"我兴奋地对妈妈说。

妈妈又笑了，眼睛眯成了两道弯弯的月牙。我知道，那月牙儿里面装满了喜悦，装满了欣慰，装满了幸福……

美丽的栈道

沐 风

初春的清晨，一缕缕灿烂夺目的阳光从窗外透射进来，使人心旷神怡！

如此美好的时光，我怎能够就这样错过？当然是迅速地从软绵绵的床上蹦起来，不由自主地拉着妈妈出去锻炼啦！

我骑着蓝白相间的自行车，在家附近的栈道上溜达。一阵凉爽的清风吹拂着小草，一丝丝绿葱葱的，犹如一群天真可爱的小精灵翩翩起舞！突然，我被水泥路旁围栏上的那几簇"红"给迷住了，于是停下驻足观赏，原来是茶花们正在竞相开放、争奇斗艳！走近一看，那茶花红得十分鲜艳，开得那么刚好，似乎就像是一位骄傲十足、趾高气扬的贵妇站在那里。有的已经全部绽放完毕,有的还是花骨朵儿,各式各样,形态万千!

继续往里走,一棵棵桃树上的花朵已经渐渐地开始露出来,只有少数的几朵粉得娇嫩的桃花悬挂在树枝上,他们真顽强!一定是想抢先在早春时节一展风采!

我忽然停下来,那是因为看见了不远处水面上倒映着一排排整齐的高楼大厦,一株株挺拔的绿树,还有一座巨大的石桥与湛蓝广阔的天空相衬,显得格外美丽!如同一幅精美的画卷,妈妈情不自禁地说道:"生活其实并不缺少美,而是我们缺少一双能够发现美的眼睛!"

我也答道:"对呀,五洲的栈道真美丽!"

校园春色

赵希妍

春天到了,校园里一片生机,郁郁葱葱的树木,亭亭玉立的花儿,绿茵茵的草地,清香四溢的花坛,让人眼前一片明亮。

走进校园,沿着一条笔直的柏油路,来到我们巴溪湾小学最美丽的地方——实验楼门前。在那儿有形状各异的花坛。花坛中,有粉得像霞的香水茶花,有红得似火的赤丹花,还有耀眼的白雪塔茶花。这些茶花千姿百态,有的已经完全绽开了花瓣,有的只微微展开两三朵,有的还只是花骨朵儿,好像马上就要绽开似的。茶树下,红色的朱蕉就像一个舞台，一阵轻风拂过，茶花像穿着各色舞裙的仙女在舞台上表演。

　　花坛旁有一片绿油油的草地，因为刚下过雨，所以一颗颗晶莹剔透的水珠，就像在绿毯似的草地上镶嵌着的颗颗宝石。草地中间有一棵高大粗壮的香樟树，它高大挺拔，像一个保护着我们学校的卫士，身姿笔直地守护着。香樟树周围是一丛丛杜鹃花，有紫色的，还有粉色的，花瓣上有调皮的水珠宝宝在上面玩滑滑梯，紫色的花瓣衬着翠绿的叶子显得更加生机勃勃。

　　草地上种着桃花树，桃花姑娘们形态万千，有的像婀娜的女郎，一枝独秀；有的几朵围在一起好像在聊什么开心的事儿；有的争先恐后，竞相怒放。一阵风儿经过，引来一群蝴蝶、蜜蜂看桃花姑娘跳舞，弄得桃花姑娘羞红了脸。

　　春天的校园像美丽的花海，春天的校园是一个梦幻般的乐园，我喜欢春天的校园。

找 春 天

吴冠锋

　　迎春花展开了久违的笑脸，它告诉我春天来了；温柔的春风轻抚人们的脸颊，它告诉我春天来了；调皮的春雨滋润着大地万物，它告诉我，春天来了；小草披上新衣，它告诉我春天来了……

　　春风春雨不约而同地告诉我"春天来了"，我怦然心动，开始寻觅春天的踪迹。

找到了，找到了，春天在果园中。橘子树露出了小嫩芽，远看，像一树小星星。几阵蒙蒙细雨过后，芽儿长大了，满树绿绿的，绿叶丛中结出了星星似的小白花，好看极了。梨花也开了，白里透黄，不久，枝头上长出了小梨，犹如一个个小娃娃在树上荡秋千。草莓也不甘示弱，露出了红扑扑的笑脸。一阵风吹过，一地的小叶子就飘起来，好看得很。

找到了，找到了，春天在农田里。农民伯伯们把秧苗撒在了一望无垠的田野里。几场春雨过后，农田里，禾苗长高了，贪婪地看着这美丽的春景。农民伯伯们还把空地翻整松软，一挖就有成群的蚯蚓。铺完土，种上白菜种子、土豆种子、萝卜种子，然后浇水，施肥……他们说"这是种下了希望"。

找到了，找到了，春天在公园里。一句古诗写得好，"离离原上草，一岁一枯荣"。这不，一年又开始了，小草一棵棵从土里钻出来，嫩绿嫩绿的，它们的生命力真顽强，再多的枯草杂草也挡不住它们的生长。嫩绿的草地里，有数不胜数的野花，红的像火，粉的像霞，白的像雪，把草坪打扮得五颜六色，不时，花下有几只蜜蜂，采着蜂蜜。孩子们在草地上放风筝、踏青、野餐……公园到处回荡着孩子们的笑声。柳树、松树、杨树……它们被春唤醒了，长出了绿色的叶子。整个公园，像是绿色的海洋。

找到了，找到了，春天在校园中。教学楼下，小树苗吐出绿绿的叶子，小路边，野花竞相开放，梧桐树满树繁花，仰天欢笑，好像是受了春的召唤，校园中，许多树抽枝吐叶。花坛中，红的、黄的、白的、紫的……这么多的花，要么盛开，要么含苞待放。教室里，传来琅琅读书声，操场上，传来欢笑声；辛勤的园丁——老师在播种春天的希望。

其实，春天还在河边，在院子里，在森林里……到处有春的踪

迹。"世上无难事，只怕有心人。"让我们做个生活的有心人，发现更多春天的美丽。

春天的脚步

青 杏

徘徊中，春悄然飘落，用灵巧的双手给大地上装上挂件，添上生机。

和风细雨中，最理想的当然是去踏春，拥抱春天。

走在路上，呼吸着春天的气息。朦朦胧胧中，感觉春天把一切事物都变得焕然一新。春天是韩愈"天街小雨润如酥，草色遥看近却无"的柔滑朦胧。

前面就是桃园了，春姑娘早就用笔在枝丫上点了几抹粉色，像透明的水晶手抚摸那柔嫩的粉色，冰凉冰凉的，像天鹅绒一样丝滑。那几抹粉红，在蒙蒙细雨中，倒也十分和谐。

走过桃花园，春风把我们引到百花坛前。嘿！那才叫百花争春呢！花多得不可计数，像翩翩仙子的蝴蝶花，高贵优雅的玫瑰，高雅文静的迎春花……还有一些花朵一点儿都不着急，仍然藏在那个绿色的房子里。她们都在精心挑选未来的颜色，慢吞吞地换上衣裙，又一片一片地整理花瓣后，才小心翼翼地撕开苞皮，来到世界。有些则向来人露出灿烂的笑容，展示着春姑娘送的衣裙，在柔嫩的花瓣上，躺着露珠儿，它们在自己的"大床"上睡得正香，对那幅生机盎然的春

景毫不知情，直到春阳和煦时，它们才磨磨蹭蹭地醒来，收拾行李，跳下"大床"行走江湖去了，而勤劳的蜂儿们，早在春姑娘一声令下时，就拎起小桶光临花坛了。

绕过花坛，便赶上了春姑娘的步伐了。她正给小草们换上小衬衫呢！松软的草地比最豪华的波斯地毯还受欢迎！因为它是大自然织出的！

行人渐渐多了，一片欢声笑语之中，老人们在聊天儿，小孩儿们在爬树玩水，大人们则散着步，欣赏着春天的景光。一年之计在于春，俗话说："阳春三月不动工，寒冬腊月喝北风。"在春意盎然生机勃勃的季节里，就要播种下梦想的种子，并且要用汗水灌溉，好在来年收成累累。珍惜好每一分每一秒，也是对自己的生命负责呀！

春天的校园

夫　哥

春姑娘来了，她一笔一笔点染人间，大地繁花似锦；春姑娘来了，一笔一笔勾勒校园，令校园美如画卷。

校园实验楼前的花坛散发着花香，惹得蝴蝶蜜蜂在花丛中跳着一支《春之舞》。风吹着树叶沙沙地响，仿佛在给他们伴奏。那一簇簇的绿叶绿得仿佛是一块块无瑕的翡翠；那一朵朵盛开的五彩缤纷的花儿，就像一个个美丽少女穿着五彩的衣裳在风中翩翩起舞；那挺直了腰杆的小树，仿佛是一名站岗的士兵。

走进花坛，首先映入眼帘的是赤丹。它有一片片赤色的花瓣，叶子上还有不起眼的小刺，你可千万别去抚摸叶片的边缘，要不然会被它刮伤的。风一吹，一些花瓣被吹落在地上，打着滚儿，好像一个个穿着大红衣裳不听话的小孩儿在向爸爸妈妈撒娇呢！

鹅掌柴的名字里虽然有个"鹅掌"，但形状不像哦！它们的枝干笔直笔直的，仿佛是一个个小战士，正准备待命出征。它会开出可爱的小白花，我没看过，可是我相信那味儿一定胜过百花。

朱蕉的叶子是紫色的，跟莴苣很像，但不能吃。每当大雨过后，残留在朱蕉叶上的一滴滴水珠，犹如晶莹的紫色宝石，在阳光的照耀下闪闪发亮。

南天竹，听起来像竹子，其实不然，它们是灌木类的，但有类似竹子的"竹节"。叶呈红色带一点儿浅绿、黑色，干很细，仿佛轻轻一碰就会断掉。我想，它在风中舞蹈肯定会更加美丽。

香樟树的枝干是笔直的，仿佛它就是校园的保安，它的叶子碧绿中带一点儿黑色斑点，但依然不损坏她那优雅的形象，它的枝干很多，像传说中的千手观音。

我爱学校的花草，他们就像一个个活泼可爱的绿色小精灵，一同奏起了一曲令人心旷神怡的交响乐——《春之歌》。

秋天的念想

晨 曦

今年的秋天很美，我在孤独里等候你的消息，只是思念无声无息地闯入我的空间，像枫叶一片一片优雅地落下，模糊了现实，却模糊不了我的记忆中你那清晰的脸。

记得那是一个乌云密布的傍晚，天阴阴的，就像一块大黑幕一样，仿佛马上就要上演一场惊心动魄的神秘话剧。我和表姐在客厅里正看着电视。突然，一声巨响，打破了客厅里和谐的气氛。我赶紧走到窗边探望，原来是下大暴雨了。表姐走过来对我说："要不，咱们等雨停了，一起去玩打水仗吧！"我应声说好。

不一会儿，雨渐渐地小了。我和表姐穿着雨衣，跑到小区里的一片空地上，打起了水仗。你泼我，我泼你，玩得好不快乐。突然，有一个保安走过来，对我们说："小朋友，不敢在这边玩，会影响旁边过路的人。"我们不甚在意。结果，被保安训斥了一通。虽然我们被骂了，但还是快乐的。

今年秋天，表姐到美国去生活了。临走之前，表姐曾一再劝我不要太想念她，她会寄信回来家里，告诉我们她那里的消息和情况。听了表姐的话，我的心里有了一点点的安慰。

我和表姐一路上手拉着手，一刻也没有分离过。直到表姐上了火车。我望着远去的火车，不禁想起了那时的快乐时光……

下雨了，雨水一串串地落在我的手心上，就好像表姐在向我倾诉她的思念。想到这，我不禁热泪盈眶，像断了线的珍珠一样不停地往下流……表姐，你什么时候能回来，能和我一起再玩一次那天我们玩过的游戏……

沁人心脾的清香

戴安玥

暮色秋风起，学校操场上空被一片黑色笼罩着，只有不远处山上的人家里开着橙色的灯，在我的眼前忽明忽暗。

学校田径队的运动员正在跑道上挥洒着汗水，塑胶跑道上时不时地有人超过前面的人，有人被后面的人超过，而我，就是其中之一。

我有些疲劳地站在跑道上准备第二轮训练，被汗水浸湿的短袖校服紧贴着我的后背，凌厉的风吹来，钻到我背上凉飕飕的，让人忍不住打了个寒战。

随着那一声：“各就各位——预备——跑！”我们各个队员就像冲破牢笼的雏鹰，以自己最大的努力在翱翔着，只为能以最好的姿态去迎接即将到来的市运会。

秋风从我的耳边不断地呼啸而过，我睁开眼，面前一片空旷。不知跑了多久，可能已经绕场一周了吧，我的脸已经被十月的冷风吹得麻木了，腿也是酸痛难忍，边上的景物不停地退后……

到达终点了，我强忍着想坐下来的冲动，刚刚到终点时没注意，脚有点扭到了。同学都不知道去哪里了，现在根本找不到人，我这样想着："忍一忍，等回家就好。"可是时间一点一滴地过去了，离训练结束却还有二十分钟。正当我疼痛难忍的时候，一个我不认识的女

生走过来,年龄大概跟我差不多。"我刚刚在后面看到你脚扭到了,我帮你把餐巾纸弄湿了,先凑合着冷敷一下吧。还有,你刚刚跑得真的很快。"她笑着对我说。我接过她递来的两张湿纸巾后,看着她背着书包离开的背影,我猛然想起她就是刚才那次比赛的第二名!据说她平时都是第一的,我本以为我超过她了,她会嫉妒在心,但她没有。她不仅没有来挖苦我,而且还在我最困难的时候帮助我,想到这儿,一股暖流涌上心间。

山上的灯依旧亮着,在我的眼中轻轻摇曳。这时,我看到的仿佛不是灯光,而是由体育精神凝结而成的温暖,飘散在天空中,弥漫着一股沁人心脾的清香……

秋游将军山

林 听

一说到秋游,便是孩子们欢呼雀跃的时刻,今天一大早,同学们便背着装满零食的书包兴致勃勃地来到学校。

秋游开始了,上官杨玉同学举着旗威武地站在队伍前头,旗杆上的国旗迎风飘扬,指引着队伍前进的方向。一路上,同学们有说有笑,似乎有说不完的快乐。伴着愉悦的心情,直指秋游目的地——将军山公园。尽管初秋的天空依旧骄阳似火,烤得大家汗流浃背,但我们的快乐心情丝毫不减。

说笑声中,我们到了期盼已久的将军山公园。进入公园,我仿佛走进一个绿色的世界，园内植被繁茂，姿态各异，有的树木像草原值守的哨兵，站得笔直笔直；有的树像年逾古稀的老者，不可抗拒地弯下腰；还有直中带点儿弯，像如日中天的中年人。你看它，枝叶繁茂、郁郁葱葱，枝干伸向四面八方，绿叶一簇簇堆着，似乎不留一点儿缝隙，但调皮的阳光依然找准缝隙穿透下来，把能量传送到人间。

拾阶而上，我们来到了一块被花草树木环绕的空地上，随着老师一声"原地休息"令下，一场"吃零食大战"马上拉开序幕，大家迫不及待地铺好垫子，一股脑儿把书包里的零食统统倒出来。不一会儿，坐垫上堆满了琳琅满目的零食。大家如狼似虎地扑向零食，撕开包装袋，大快朵颐起来，你瞧，一位女同学打开一包薯片，就往嘴里塞，还伴着"咔嚓咔嚓"的响声，传向四面八方……

伴随着快乐的心情，大家说着聊着，享受这美好的时刻。到了和将军山说再见的时候了，大家收拾好背包，仔细地收拾了留下的垃圾，清理好环境，依依不舍地向将军山挥手告别。

别了，初秋的将军山！我爱你！

特别的秋游

白　轩

盼星星，盼月亮，秋游终于盼到了，我的心不由自主地兴奋起来，虽然学校规定不准带零食，但这丝毫不影响我喜悦的心情。

秋游那天，我早早地起来，吃完早饭后，我带了一瓶水和遮阳帽，就匆匆地往学校赶。到了学校，我们按班级在操场排好队就出发了，我们的目的地是永安市消防大队。一路上，同学们有说有笑，我的脸上也时时洋溢着快乐的笑容，嘴里哼着小调，脚下仿佛踩了一朵快乐的云。走了一个多小时，我们才到消防大队，可我觉得一点也不累。

到了消防大队，同学们欢呼雀跃，我定睛一看：呀，不得了！消防官兵们个个神情严肃，站得笔直笔直的，当我们经过时，还用庄严的军姿面向我们，并且向我们敬礼。几分钟后，一个军官带我们班到消防大队器材场地给我们做讲解。通过叔叔的介绍，我知道了什么是伸缩担架，接管式调节水枪，剪物钳，承压气垫等等，真让我大开眼界。同时我也感受到消防员的工作真不容易，他们不仅要有高超的技术，而且灾难来临时要勇敢地挺身而出。

听完介绍，军官又带我们参观了消防车，据介绍消防车可以载十几吨的水去扑火，有的同学还爬到消防车上去感受一番。

参观完消防车，我们的秋游就结束了。这次消防大队一游，我不仅懂得了许多知识，也明白了遇到危险时，不慌张，要冷静地想办法，科学迅速地逃离现场，才能争取更好地保护自己。

从未有过的快感

沈泓林

今天上午第二节课，我们班要召开主题为"讲诚信和善意的谎言"的辩论会。我是这场辩论会的负责人，从选主持人到辩手，费了不少功夫。我还毛遂自荐担任起了反方四辩的任务。可此时，我却急得像热锅上的蚂蚁，因为我感冒了，喉咙干到无法说话。

怎么办？怎么办？我着急得自言自语。一连问了好几个人能否替我，都没有人答应，觉得无法胜任。眼看上课铃声马上就要响了。情急之下我只好找主持人陈思悦，求她替我顶上。没想到，她了解情况后，欣然答应了。我长舒一口气时，也对陈思悦深感抱歉，她已经是主持人了，可我还把反方四辩手的重任交给她。想想，真是觉得自己脑子不清醒，又是主持又是辩手，叫她如何招架得了，可一时没找到人顶替，我也感到特无奈。

上课铃响了，在大家的掌声中，陈思悦自信地走上了讲台，悦耳动听的开场白，立刻吸引了在场的所有同学，而我却异常紧张，担心辩论会不能圆满完成。当陈思悦给大家解释自己兼反方四辩手时，同学们诧异了一阵，马上向我投来关切的目光，我羞得无地自容。

辩论会正式开始了。主持人陈思悦说："现在请正方辩手陈述观点。""我方的观点是做人要讲诚信，诚信乃为人之本……"黎子俊滔滔不绝。"我方的观点认为，善意的谎言是生活中必需的……"反方一辩杨浩文也不甘示弱。接下来的辩论，辩手们都是振振有词，各说各有理，特别是陈思悦，虽然临时顶上，却毫不逊色，为反方赢得了阵阵掌声。为了让同学们都能有表现的机会，自由辩论时间，老师让在场的同学也自由发表看法。我觉得，在自由辩论中，方艺妍的表现最为突出，因为她运用课文内容进行了反驳，指明："谎言和善意的谎言有着本质的区别。"

我在用心倾听每一个同学的发言，可以肯定，他们都为这次精彩的辩论会做了许许多多的准备。辩论会还在继续，而我的思绪却已飞扬：我是个活泼乐观的女孩，班上的很多表现机会都落在了我的身上，如果今天，我不是感冒，我没有机会这么用心地倾听同学的发

言,更不会发现这么多同学的精彩表现。

辩论会在同学们一阵又一阵的掌声中结束了。这次我没有发言,只做一个倾听者,但我却比辩手还要开心。我想:我的锻炼机会够多了,适当把机会让给别人,有时会发现不一样的精彩。想到这,我心里洋溢着一种从未有过的快感。

那番话语

曜 灵

望着窗外阴沉的天色,不知怎的,那件事又袭上心头。我沉入了深深的回忆中,心中又响起了那番话语。渐渐地,心中有一念愈发坚定……

那个午后,灰暗渲染苍穹,凉风蔓延至全身,草尖微微摆动,落叶在空中悠悠飞舞着,万物皆处在静谧中。我行于街道间,低头思索着一道题目,有些出神。不知不觉间,踏上了马路,车并不多,车轮碾过路面是阵阵风声。一切的声音在思考中模糊,花香似乎凝固了。陡然,一股巨大的力量向我撞击而来,身体为之踉跄,膝盖微颤。抬头望去,眼前是一辆摩托车,车上之人嗔怪地望了我一眼,便匆匆而走。我有些茫然,须臾,马上意识到什么,望着渐行渐远的车影,蓦然浮上一丝震惊与后怕,膝盖的疼逐渐清晰起来,淡淡的担忧凝在心头,促使我快速走过马路。

有惊无险,那痛楚并没持续太久,我便将其抛诸脑后,并没太在意。一双温热的手轻触肩膀,是邻居。她的神色有些严肃,眼中似闪烁着什么。我有些困惑,不明其意。她启唇道:"我都看到了,应该没什么事吧?"我先是一怔,随之恍然大悟,一丝轻微的惊漫上心头,方才所生之事闪过脑海。我摇了摇头。她见我不以为然,正色道:"你居然这么不在意,这次是没什么事,下次可就没那么幸运了,以后一定要注意安全,认真对待过马路。"我闻言,这才意识到问题之严重,默默沉思起来,细细体会着她的话,意识逐渐坚定起来。那番教诲深深烙在心间,让我重视起安全这事。

喧嚣之声萦绕耳畔,眼前是车水马龙之景。那番教育之言穿破时间的封锁,又清晰于心头,它对我的影响是久远的。那番教育,化为鞭辟,让我不再轻视过马路,不再轻视安全。

一堂神秘的语文课

游楚西

今天罗老师来上语文课了,笑嘻嘻走进教室的她竟然没有带教案,只带了一个饼干盒。同学们奇怪地想:"罗老师带饼干给我们吃吗?"

"猜猜饼干盒里有什么东西?"罗老师神秘地晃了晃盒子,一下子激起了我们揭开盒子秘密的兴趣。有的同学说里面装着毛毛虫,有的同学说里面是饼干,还有的同学说里面没有东西,因为没有声音。同学们议论纷纷,说出了形形色色的答案,苏睿涵抢说的最多了。

罗老师指着饼干盒温柔地提示："这是什么图案？"好多同学都举起了小手，说："小熊维尼是个糕点师，他会做好多好多饼干，他正在搅拌东西。"同学们都很想看看里面装的是什么东西，罗老师就是不揭开谜底。我们用好奇而又期盼的眼神看着罗老师……罗老师要打开盒子了，同学们有的把脖子伸得老长，像长颈鹿一样；有的竟爬到桌子上了，像小青蛙一样；有的坐在凳子上故意装得像泰山一样不动声色，其实比谁都想更早知道。罗老师还是没打开。等我们乖乖坐好了，终于打开了！哇！里面是我们最爱的饼干、橘子，还有糖果……罗老师把零食分给我们品尝，大家兴奋极了。待我们吃完后，罗老师让我们说事情经过，原来罗老师要指导我们写作，同学们这时才明白过来。

神秘的课堂！快乐的作文课！我们班四十个人不仅快乐地学习了怎么写作文，还吃到了自己喜欢的东西，真好！

我想捏破鸡蛋

赵希妍

创新是一把金色的钥匙，能打开知识的大门；创新是一支燃烧的火炬，能照亮成功的道路；创新是一条清澈的小溪，能浇灌干枯的心灵。生活中有许多现象，值得我们探讨和研究。

一天，爸爸正在厨房做饭，他叫我过去帮忙把鸡蛋敲到碗里。我不屑一顾地对爸爸说："不用敲，我用手捏，也可以把鸡蛋捏破！"

爸爸说："好，你试试看。"我心想："不就是一个鸡蛋嘛，把它握碎，简直就是小事一桩啊！"我满怀信心地从爸爸手中接过鸡蛋，将鸡蛋放到手心里，对着爸爸准备好的一只碗就开始捏，可是没有动静。我又试着加了点力气，仍然没有动静，又试了几次，甚至使出吃奶的劲儿，脸都涨红了，直到黄豆似的汗珠从脸上滴落下来，最后鸡蛋仍安然无恙，毫发未损，连半条裂痕都没有。顿时，信心十足的我傻了眼，呆若木鸡地站在那儿。

这时爸爸过来对我说："鸡蛋在手心里是捏不碎的，因为圆形物体可以均匀地分散表面受到的力量，不会使它表面的某一个部位受力过大而破坏，鸡蛋外表面是椭圆的，它符合圆形物体受力的原理。当你手心里捏鸡蛋的时候，手指和手心力量是平均分布到鸡蛋外壳上面的，这样受力就达到一个平衡，所以不会破碎。"听了爸爸的解释，我还是不太明白，以为是我力气太小了，就对爸爸说："你的力气大，你可以把它捏破的，你试试看。"爸爸听后笑了笑，说："好！"他试了几次，但也没能捏破鸡蛋。这下，我终于明白手心里捏鸡蛋不易破碎的解释了。我还上了网，从"百度"老师那里增长了新知识，知道了利用鸡蛋捏不碎的原理建造的建筑物有：悉尼歌剧院、赵州桥、人民大会堂、北京火车站……

通过这次实验，我觉得那个看似平常每天都可以吃到的鸡蛋居然有这么大的学问，这彻底改变了我的看法。在生活中，我们要多观察，多动手，就会发现许多不知道的"秘密"。

有一种努力叫诚信

我失望的心中又有几分快感,因为我努力做到了诚信。我不知道,心中的那颗诚信的种子是否已经发芽。如果发芽了,我希望它能开出鲜艳的花,装点世界的每个角落。

我战胜了谎言

吴小燕

记得那天，好动的我在家里闲得发慌。于是，我从客厅到书房来回走动，东张西望，寻找目标玩耍。

突然，姐姐书桌上的闹钟映入了我的眼帘。我蹑手蹑脚地走了过去，轻轻地把它拿了下来。随后我像离弦的箭一般飞进了自己的房间。"闹钟的结构是怎么样的呢？"我嘀咕着，手不自觉地拆起了零件，心里还不时划过一丝快感。但当我看着满桌七零八落的零件时，我突然意识到，要怎么把它装回去呢？想到这儿，我心里掠过一阵阵担忧。我赶紧拿起零件想要把它装回去。可我蒙了，发现自己根本无法还原。姐姐马上要回来了。我只好不安地把零件放到书房姐姐抽屉里。

姐姐回来了，我装作若无其事的样子躲在房间里看书，不安的情绪直线上升。姐姐慢慢地走进了房间，却一点动静也没有，我松了口气。谁知……"天啊！谁干的？"姐姐在房间里大叫，我的心顿时提到了嗓子眼。家里只有我们两个人，姐姐立马开始盘问我："是不是你干的？"

"什么是不是我干的？"

"我桌上的闹钟是不是你拆的？"

"什么！你的闹钟被拆啦？"

姐姐疑惑地看着我，我也装作疑惑地望着她。许久，姐姐莞尔一笑，摇了摇头，什么也没说就走了，我的心仿佛一块石头落了地。

一直到晚上，我都没怎么说话，生怕露出马脚。吃晚饭时，我总觉得有人在盯着我似的，就连电灯、饭菜、桌子也都在恶狠狠地指责我，我受不了了。"姐姐……你的……你的闹钟是我弄坏的……"我低着头，因为羞愧，我的脸一下子涨得通红，火辣辣的。姐姐走了过来语重心长地对我说："人犯错不可怕，可怕的是在错误面前掩饰自己，希望下次犯错时能像今天一样勇于承认，你会得到原谅的。"

听了姐姐的话，我不住地点头。可我心里却异常轻松，因为在谎言面前，我战胜了它，同时也战胜了自己。

诚信比分数更重要

陈靖杭

放学了，走出校门，我的步子特别沉重。今天，我又考砸了。老师要求回家给家长签字。

一路上，我忐忑不安地想：怎么办？妈妈知道了一定会骂我的，但是如果不告诉妈妈万一被发现了该怎么办？眼看马上就要到家了，突然我灵光一闪："为什么不用妈妈以前的签字描在上面？"想到这里我兴奋极了。回到家，我立刻对妈妈说："我要做作业，不要打扰我。"说罢我飞快地把门关上，妈妈并没有多问，继续打扫房间。我

慢慢地、仔细地描，没多久就描好了，我小心翼翼地把它叠好，放进书包里。突然，妈妈的手机响起，我的心提到了嗓子眼，心想：该不是冯老师打的吧？"是你！什么时候有空来我家坐……"原来是妈妈的同学，真是虚惊一场！我长舒了一口气又开始做作业。

  第二天早上，我如愿以偿地把考卷交给了老师，天助我也，老师也没发现。不过一整天，我的心里空落落的。晚上我刚回到家妈妈就对我说："杭，昨晚你的语文作业是……"我大惊失色不知怎么办才好。"儿子，你的考卷呢？"原来，今天老师把考试情况发短信给各位家长了。"我……我……没带回来。"由于紧张，我说话支支吾吾的。妈妈看我那样，半信半疑地打通了冯老师的电话。"喂，冯老师吗？我想问下陈靖杭这次考多少分？""七……"我再也不敢往下听，捂上了耳朵冲进房间，这时我已经开始后悔昨天为什么要骗妈妈，但是一切都已经晚了。

  过了一会儿，房门被打开了，我不敢看妈妈的眼神，我知道她一定失望极了，我恨不得挖个地洞钻下去。"儿子，妈妈很生气！并不是因为你考试没考好，而是你对我撒了谎。诚信远比分数重要，你懂吗？我希望你能通过这件事好好反省自己，做一个真正的男子汉。"当时，我真希望妈妈能狠狠地打我一顿。可那一次妈妈却异常地平和，苦涩的泪水模糊了我的双眼。"诚信永远比分数更重要。"妈妈说的那句话久久回荡在我的耳际。

  经历那件事后，我再也没说过谎，我明白了"诚信永远比分数更重要，人的生命也不可能从谎言中开出灿烂的鲜花"这句话的真正含义。

还包的启示

王　妍

那个假期，我刚满六岁。有一天下午，我约了几个年龄和我相仿的孩子到家里玩游戏。傍晚，天色渐渐暗下来，伙伴们才陆续回家。

有个女孩的包包落在了我的家里，她回家后打来电话，让我明天到她家玩，顺便把包拿过去，我毫不犹豫地答应了。接完电话，我便看见了那个包，水晶装饰，再加上一个黄钻的蝴蝶结，精致极了。看着看着，突然，我的心抽搐了一下：这可是我一直想要的包啊！我真不该接她的电话，不然的话我就可以用上几天。整个晚上，我辗转反侧，一心想拥有一个这样的包。

第二天吃过早饭，我很纠结，心想：到底要不要把包还给她呢？不还吧，她就会讨厌我，说我不讲信用；还吧，我又舍不得，那可是我梦寐以求的包呀！哪怕背上一天也好啊？我捧着那个包犹豫不决，心想：怎样能不失诚信又拥有包呢？突然一旁的电话引起了我的注意。一个念头闪过我的脑海：打电话告诉她我病了，要去看病，晚点再送给她。想到这儿，我心里有了些许快感，我乐滋滋地拨通了朋友的电话，果真如我所愿，她让我病好了再送给她。打完电话，我安心地开始摆弄起包来。我站在镜子前，得意地看着自己背上那个精致的包包的神气样……这一切，被一旁的妈妈看见了，她心平气和地说：

"呀，你今天把诚信丢了，你知道吗？喜欢这个包，想背一背，为什么不坦白和朋友说呢？再说，不是常常跟你说如果答应别人的事就一定要做到吗？这下怎么反悔啦？"听了妈妈的话，我顿时面红耳赤，低着头，心想：是啊，妈妈常说"言必信，行必果"，我背得滚瓜烂熟的一句话，在诱惑面前却不能正确做出抉择，我太不应该了。于是，我拿起包，头也不回地跑出了家门……

转眼间，五年过去了，当年那个为了包包谎称生病的我已是一名少先队员了。那天以后，我再也没做过这样的傻事，当年那个还包的经历给了我深深的启示：即使面对一个对你诱惑力极大的事物，也不能丢失诚信，不能被诱惑冲昏了头脑；否则，你就会迷失在谎言的歧途中！

有一种努力叫诚信

陈泽森

诚信，是一朵心灵的花。它是无形的，但却能净化人的心灵。不知不觉中，那朵诚信之花已在我幼小的心灵播下了种子。

记得那天下午我在操场打篮球。突然，一只大手拍在我的肩上，我吓了一跳，转身一看，原来是朋友。他问："有没有带排球？"我摇了摇头。朋友马上说："明天下午你带排球来，傍晚我们一起打排球吧。""好的！"我爽快地答应了。不过一会儿我就后悔了。因为第二天下午有篮球课，再带个排球，老妈恐怕又要"火"了。但是，已经答应他了，我想，明天想想办法吧。

　　果然不出我所料，第二天下午上学时间到了。我急忙抓起两个球，刚到门口，就被妈妈拦住了，她严肃地问："怎么带两个球，下午不是只有一节篮球课吗？"我结结巴巴地说："我和朋友……约好……了，傍晚一起打排球。"话音刚落，妈妈恶狠狠地吼道："打，打，打，你脑子除了打球还能不能装点别的，排球别带了放回去。"看着妈妈那架势，我一时间不敢吭声，抱着排球往回挪着步子，心想：我已经答应朋友了，怎么办呢？突然，我灵光一闪，对妈妈说："妈妈，您不让我带排球，我就不带了。可我已经答应朋友了，您说怎么办？您不是经常教育我要'一言既出，驷马难追''言必信，行必果'吗？"经我这么一问，妈妈哑口无言，只好无奈地答应了。

　　整个下午，我都期待着与朋友相约的时刻。好不容易熬到了放学，我兴奋地抱着排球站在操场上等朋友。可我等呀等，始终不见朋友的身影。我想，他可能是做值日，再等等吧。我站在原地眼巴巴地望着楼梯口。可半个小时过去了，还不见朋友的踪影。我安慰自己说："他一定会来的。"渐渐的，暮色笼罩着校园，同学陆续走出校门，一股失望之感涌上心头。这时妈妈走过来，对我说："别等了，你的朋友已经走了，就你记着玩。"听了妈妈的话，我的心凉了一截，只好无奈地跟着妈妈走。

　　在回家的路上，我思绪万千。我失望的心中又有几分快感，因为我努力做到了诚信。我不知道，心中的那颗诚信的种子是否已经发芽。如果发芽了，我希望它能开出鲜艳的花，装点世界的每个角落。

无言的遗憾

陈 新

盼星星盼月亮，我们班"诚信与善意的谎言"辩论会今天终于要举行了。由于我自信不足，放弃了当辩手的机会。虽然不是辩手，但却想在自由辩论的时间有大展身手的机会，为我们反方好好地出一分力。

辩论会开始了，主持人说了几点注意事项后，同学们就开始了他们的唇枪舌剑。一开始，正方一辩就提出了他们的观点："我认为，一个谎言不管编造得多么美丽，它始终都是谎言，而谎言，就是虚伪的……"反方一辩听了，立刻反驳道："谎言和善意的谎言其本质是不同的，两者不可混为一谈……"正方和反方的同学们就这样你一句我一句地围绕着两方的观点争辩着，我虽然很认真听着他们的辩论，但心里却很是期待下面的自由辩论时间。

好不容易等到自由辩论的时间，可是双方你一言我一语辩了好久，都没有能用到我精心准备的资料，因而，我迟迟没举手。终于，我找到了一个可以反驳的点，于是，我义不容辞又相当自信地举起了手，等待主持人邀请我辩答。但不料现在正是整场辩论会最高潮，两方辩手都热火朝天地争辩着，班级小手如林。主持人丝毫没有注意到我。我真想直接冲上去一吐为快，但还是强忍，默默地安慰自己还有时间，等他们发挥完，我就有机会了。可谁知，由于时间关系，自由辩论没轮到我就结束了。当主持人邀请老师做裁判，宣布辩论结果时，我的头就像被泼了一盆凉水，失望、遗憾涌上心头。

这次的辩论会就这样与我擦肩而过，留给我的是无尽的遗憾，但我默默鼓励自己：没事，还有机会，下次辩论会，我一定要争取当辩手，大胆展现自我，不给自己留有遗憾。

心中的锁

王馨恬

每个人的心中都会有一把锁，里面锁着的东西或令人后悔，或令人难堪。在我心中也深藏着一把锁，里面锁着一件至今还让我后悔的事。

那是一个天高气爽的秋天，班上正在考试，我根本都不知道这次考试，所以一点都没复习，可同学们却一副有备而来的样子。再看看题目，我在心里暗暗叫苦，简直无从下笔，会做的大概只有一半。我只好先把会做的做了，剩下只好另想办法了。再看看旁边的同学，一个个都在埋头苦写。突然，我的心里出现了一个歪主意：看看别人的答案！正准备行动的时候，我又犹豫了。哎呀！看一次没什么的啦！心里又冒出了一个声音。嗯，好吧，我听从了这个声音。我的前桌是学霸，于是，我趁老师不注意，把脖子伸长偷偷瞄了他的答案，然后快速地把答案写下来，很快，在我的努力下，大功告成了。

不出所料，这一次考试我考得出奇地好。老师见我进步这么大，还特意在班上点名表扬了我，并叫全班同学向我学习。可在老师的赞扬声和同学们羡慕的眼神中，只有我自己知道，这并不是我真实的成绩，我只是把别人的答案抄了下来而已。听到老师的夸奖我并不高兴，相反，我的脸涨得通红，我还是第一次感到这么羞愧。

自从这件事发生了以后，我从来没有对任何人提起过，它成为我心里一把打不开的锁。这把锁的钥匙，对我来说已经早早丢弃，因为我不会再打开。它在我人生的道路上时时敲响警钟，让我不再做同样的事。

阅读，我的别样生活

叶林佛青

指尖划过扉页，时光流转千年，合上书页，那一页页的文字，悄悄地将阅读带给我的别样生活诉说与你。

——题记

放下书本，掩卷回忆几年来阅读带给我的别样生活，不禁感慨万千。爱上阅读，还要从那份《学生周报》说起。

记得那是一个晴空万里的早晨，我约了同学一起去游玩。回家途中，路过一个书摊，摊主拿着一份《学生周报》笑眯眯地迎了上来。我在好奇心的驱使下看了起来，没想到这一看不得了，《学生周报》就像有魔力似的，紧紧地把我吸住了。平时不爱阅读的我，这时却看得津津有味，一个个趣味知识、神奇故事，带我走进了文学世界。

美国诗人狄金森说过："没有一艘船能像一本书，把人带往远方。"《学生周报》为我开启了文学之门，让我与书为友，随书前行。从此，无论是在哪里，我都扮演着一个个不可缺少的角色：学校里，常有我为同学们讲解新知，帮助同学们解决疑难问题的身影；课余时间，我的一个个有趣的故事，常让小伙伴们步入一个奇妙的魔法世界，使自己独受大家的青睐……阅读带给了我多姿多彩的生活，我怎能不爱阅读呢？在淡淡的书香里，我感悟到人生的真谛；在淡淡的书香里，我听到生命拔节成长……

我想，书犹师也，善读之可以明志。哦，阅读，你带给了我别样的生活，当我手捧一卷墨香，细细回味往事，想请你品尝这酝酿已久的诗情画意时，却先陶醉了自己……

我阅读，我快乐

寒 莹

> 每当捧起墨香四溢的书，每当指尖划过书页，记忆深处的那个下午便会涌上心头，一个个音符般美妙的文字深深拨动着我的心弦。
>
> ——题记

记得刚上一年级，爸妈就为我订了《学生周报》，美其名曰：增长见识，扩大阅读量。大字不识几个的我，每每拿到《学生周报》，总是不屑一顾地随手扔在一旁，置之不理。这样过了一学期，周报越积越多，占据了书房一角，可父母还是一如既往地为我订阅。

一个下午，父母都不在家，我觉得无聊，顺手拿起了身旁的一份《学生周报》看了起来。那流光溢彩的画页，趣味盎然的故事，生活中的小常识……深深吸引着我。我津津有味地看着，渐渐地，我仿佛走进了另一个世界，忘了一切烦恼与纷争。我沉浸在周报美妙的世界里，时而与大自然交朋友，时而与名人讨论人生的哲理……

从那个下午后，我真正爱上了阅读。每天只要一有空，就马上捧起书开始阅读，常常忘了吃饭，忘了写作业。读那么多书，我却对《学生周报》情有独钟。每次，只要《学生周报》一发下来，我就会迫不及待地阅读起来，如饥似渴。《学生周报》开阔了我的视野，我认识了许多名人，知道了各个国家的文明礼仪，看到了很多奇异生物……"憨豆先生"的故事令我受益匪浅：人生有太多转折点，千万不能优柔寡断，犹豫不决，生活有得有失，只有放弃了一个，才能获得更好的，千万别被自己网住。迈克尔·乔丹使我明白：只要不断努力，始终坚持自己的梦想不放弃，终究会实现梦想，不论你天生的资质是什么。

阅读，让我有了自己的人生阅历，使我明白了许多人生道理。我知道，虽然成长路上不可能一帆风顺，但是有阅读的陪伴，我相信，我能经受住生活中风风雨雨的洗礼，蜕变成更好的自己，去迎接人生中美丽的彩虹。

忆 凉 亭

墨 轩

沐着风，迎着雨。一转眼，我已是十二岁的大男孩。可每当我唤起儿时的记忆，最无法忘却的是家乡的凉亭……

六岁的我，在迈入小学生涯之前，回到了家乡。一眼望去，最先映入眼帘的便是凉亭。一进家门，我与妹妹便马上叫上几个玩伴，一同去凉亭做游戏。那时，"冰冻、解冻"是我们最爱玩的游戏。规则很简单：一个人抓，其余人跑。当抓的人快要抓到跑的人时，跑的人可以说"冰冻"。而这时，跑的人就只能等同伴来"解冻"。一二三，石头剪刀布，妹妹抓，我赶紧飞快地躲在凉亭的大圆柱后。妹妹来了，我赶紧屏住呼吸，没被发现，我有点得意扬扬，便情不自禁地哼了一声。妹妹听见了，赶紧顺着声音找来，一个身影跃上来，我来不及说"冰冻"，便被抓了个正着。该我抓了，我为了更快地抓着，便使了点小伎俩，我故意讲一些好笑的笑话，让他们自己发出声音。果不其然，玩伴被我抓到了。这一次，我吸取了教训，在躲藏时不发出声音，于是，我便再也没被抓到过。

当然，凉亭不仅是我们的游戏乐园，还是我们避雨遮阳的好地方。晴天，我们在这里遮阳，雨天，我们在这里避雨；累了，我们在这里休息；渴了，饿了，外婆在这里为我们备好了饮料和零食。凉亭边上就是一条马路，我清晰地记得，妈妈总是唠唠叨叨地不让我到处跑，怕路上来往的车辆撞到我们，而外婆总是站在我们这一边护着我："没事，去玩吧，外婆帮你们看着。"有了外婆的庇护，我们玩得更加疯狂。

凉亭，是我对家乡最初的记忆，是我小时候最深的记忆，是我终生不忘的记忆。凉亭，那个在家乡我最爱的凉亭……

与书为友，其乐无穷

谢东桓

书是人类智慧的结晶，书是历史经验的总结，书是社会生活的反映。阅读，可以彻悟人生意义；阅读，可以洞晓世事沧桑；阅读，可以广济天下民众；阅读，可以深入科技殿堂。

我从阅读当中学到了数不胜数的知识，有天文知识、历史知识、地理知识……在《到太空去旅行》这本书中我认识了变幻莫测的太阳、行踪不定的星星、瑰丽壮观的彩虹、形状各异的闪电。而《中国历史图册》让我直观地感受到中华疆域从古到今的变化以及了解中华各朝代的邻居，并且我还知道中国位于亚洲东部、太平洋的西岸，总面积约960万平方千米。

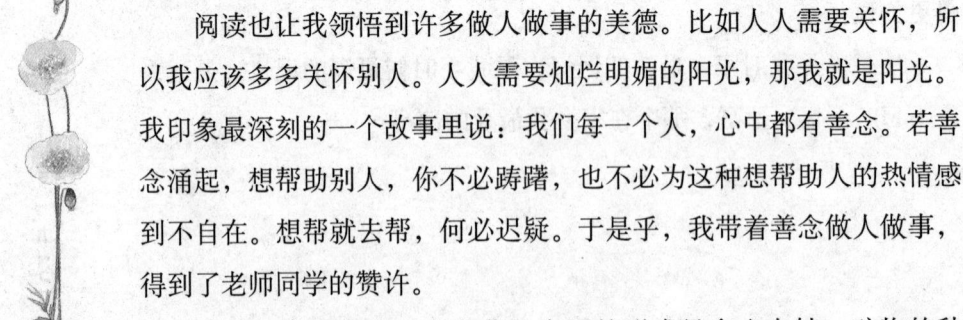

阅读也让我领悟到许多做人做事的美德。比如人人需要关怀，所以我应该多多关怀别人。人人需要灿烂明媚的阳光，那我就是阳光。我印象最深刻的一个故事里说：我们每一个人，心中都有善念。若善念涌起，想帮助别人，你不必踌躇，也不必为这种想帮助人的热情感到不自在。想帮就去帮，何必迟疑。于是乎，我带着善念做人做事，得到了老师同学的赞许。

读书让我领略祖国的宝藏，金属的形成是多么奇妙，矿物的种类是多么丰富。翻开书，我似乎在和地质学家们一起探险、考察、研究。书，带我认识微生物"大军"，抱着书籍，如同置身于微生物的世界里。书，又带我去一睹动物世界、植物王国、风景名胜。

捧一卷书册，看史事五千；品一壶清茗，行通途八百。无须走马塞上，你便可看楚汉交兵；无须程门立雪，你便可听师长之谆谆教诲。阅读既是乐趣之源，又是古人之鉴，更是修养之法。

一道灿烂的风景

李镇宇

在五洲小区边上有一条由木板铺就的栈道，它沿河而建，两岸风景秀丽、迷人。虽说已是秋天，可阳光仍旧洒满大地。今天，我又一次来到栈道旁欣赏这灿烂的风光。

栈道的起点是一个小广场，由大大小小的鹅卵石和四四方方的大理石铺成。广场四周有婀娜多姿的柳树，有郁郁葱葱的桂花树，还有叶片呈酒红色的红花檵木。树下，许多不知名的小花竞相开放，漂亮极了。太阳非常慷慨地把金辉赠予了它们，于是，树挺直了腰，拥抱着蓝天；浅绿的草叶上便镀上了一层金箔，直晃你的眼；花儿举起了各色的酒杯，欢庆这美好的一天。我静静地站在那儿，阳光停在了我的头上，我的肩上，也停留在我的心里……

向下走过几级台阶，便可站在古色古香的栈道上。栈道左侧是"哗啦啦"唱歌的小河，它为我们送来了阵阵清风。右侧的绿地上一簇又一簇的彩叶草，宛如一位位少数民族少女穿起了节日的盛装，在风中翩翩起舞。当你置身于这样的环境中，心情便会灿烂起来，什么烦恼都会忘记的。

沿着栈道继续向前走。突然，我眼前一亮，一大片的金边吊兰已经开花了，像一幅美丽的水彩画。走近一看，吊兰的叶片细长而柔软，层层叠叠，向四周舒展着。翠绿色的花茎从叶丛中冒了出来，紫色的小花缀满枝头，在阳光下闪着耀眼的光，给人一种美的享受。

虽然已过了白露，但太阳依旧灿烂地露着笑脸，每次来到栈道，我的心情便会像一只气球因为快乐而慢慢地膨胀起来。我爱这道灿烂的风景。

家乡的黄昏

李欣悦

我的家乡在永安，别名"燕城"。家乡的风景绚丽多彩，但我对家乡的黄昏情有独钟。

傍晚，天气渐渐地凉下来了，到了傍晚五六点的时候，天虽未暗，但已从远处飘来了米饭的清香，这时，人们已经开始吃晚饭了。晚饭过后，在河边的栈道边、公园等许多地方都可以看见三五成群的人们，他们有的在散步，有的在观赏小城美景，有的在打太极拳，有的在跳广场舞，还有的坐在石凳上和自己的亲朋好友谈笑风生。

"好漂亮的晚霞啊！"在人群中，不知是谁惊叹道。顿时，在玩耍的小孩停住了，狗不叫了，蝉也不叫了，准备拍照的人们也默默地拿出手机拍下这精彩的瞬间，连小河"哗啦——哗啦"的流水声都听得那么清楚，天空是如此多姿多彩啊！

家乡的黄昏是多么绚烂，多么富有情趣啊！

牵着炊烟的手

廖欣琳

翻开记忆的章页，金色的稻田背后，树林、流水、绿柳、翠竹、青瓦木房一一呈现在眼前。记忆中的那个夏天，外婆抱着一捆柴跨入厨房，她开始张罗晚饭了。

屋顶上那缕细细长长的青烟袅袅婷婷，飘向熟悉的原野，我们一群小孩，闻到了村庄中的红豆饭香，你争我抢地拥入小村庄中，只留下金色的草垛和向晚的微风。

傍晚走在乡间的小路上，就能看见一幅别有生趣的画面，清清的小河，鸭子扑扇羽翼上了岸，叫个不休，田埂上，一个满头白发的爷爷坐在金灿灿的麦田边上，津津有味地吸着纸烟。伴着喷香的麦田和自然的芬芳，他早就沉醉在了夕阳的余晖中……

天色暗下来，一轮明月钻出来了，幽蓝的天空照着稻田，照耀着村庄，淡淡的炊烟也无影无踪，我的心中有一些失落。月光洒满小路，洒到外婆家的大厅中，朦朦胧胧，却有一番诗的意境。它多像那一缕迷人的炊烟，那缕炊烟它还停留在那儿，它没有走啊！它化作一双暖暖的大手。我牵着炊烟的手，走向那一团橘黄色光芒的小屋。

满屋子都是红豆香。烟筒口那挂着一块块腊肉，我凑上去闻闻，真香啊。我喃喃自语：这是炊烟的味道啊！是啊，大地已经被那缕缕炊烟抚过，有着一股乡村的芬芳，那也是大自然的芬芳。

月儿的银光，从纱窗中洒入我的小木房，碎银铺了一地，门外的小菜园，月光的温暖与落叶的芬芳，那丝令人回味无穷的韵味儿，一起飘向小房间，那不正是炊烟带给我的问候吗？它像酒一样香、醇和浓，令人回味无穷。

离开了那个梦一样的小村庄。我的心没有一刻不在那儿徘徊。掀起金浪的稻田，小园月夜，给我许多温暖的木屋子……但是，令我无比思念的，还是那一缕缕细细淡淡的炊烟……

摘 蓝 莓

张皓禹

妈妈从电脑里找出了一大堆我小时候的照片，一个个文件夹写着不同的年份，装着刚出生的我、学走路的我、校园里的我、玩沙子的我、搭积木的我、哭着的我、笑着的我……

看着照片里刚出生时的我被家人抱在怀里，温馨极了；到外地游玩时的我跟家人有说有笑，非常欢乐；校园里的我举着奖状，一脸自豪。许多事儿我都记不大清了，但那个"蓝莓园里的张皓禹"文件夹里装着的那些事却让我记忆犹新，且听我细细道来。

有一个男孩叫张皓禹，在他上一年级时，五月的一个周末，他的爸爸带着全家去蓝莓园采摘蓝莓。来到蓝莓园，张皓禹东张西望，寻找高大的蓝莓树。当看到真正的蓝莓树时，他惊奇地发现蓝莓树和他想象中的完全不同。蓝莓树矮矮的，差不多只有半米高，大约只到他的肚子。

他走近一棵蓝莓树仔细观察，蓝莓一串串地挂在树枝间，树上的蓝莓比常见的黄豆大一些，比花生仁又小一些。蓝莓果的颜色有绿色的、红色的、青紫的、紫红的、蓝黑的。绿色和红色的蓝莓是没有成熟的，只有蓝黑色的蓝莓才是成熟的，就像一颗颗蓝宝石，让人看了垂涎三尺。蓝莓园旁边布着的一张大网上挂着几只倒栽葱的鸟儿，一定是想来偷吃这诱人的蓝莓，才会自投罗网的。

张皓禹拿着小竹篮，这里转转，那里转转，蓝莓没采多少，却满身泥浆。是怎么回事呢？原来啊，他激动过度，在从一块蓝莓田跨到另一块蓝莓田的时候，脚下一滑，"刺溜"，摔到了泥沟里。

"咔嚓"，张皓禹的妈妈拍下了泥沟里的张皓禹，看他那狼狈样，真是滑稽。

蚂蚁的王国

梅一凡

下午，我躺在草丛里，在无限的静谧之中，忘了世界，也忘了自己。

我的目光追随着草丛中劳动着的蚂蚁，进行了一次奇异的旅程。

细密的草茎随风舞动着，在蚂蚁们看来，这就是通天之藤。草丛之下，几只小蚂蚁匆匆忙忙地赶着路，像是蚂蚁王国的探险者。突然他们的嘴张开了，哦，原来是发现了食物——一只干死的蚯蚓。他们在蚯蚓的身上逗留了片刻后，急忙顺着来路返回。我饶有兴致地扒开草丛，目光随着他们进入了蚂蚁庞大的王国。

蚂蚁的王国里到处都是蚂蚁，我能分得清哪里是储物室，哪里是卧室，哪里是皇宫。蚂蚁的王国里戒备森严，分工明确，比起人类社会也丝毫不差。门口兵蚁尽职尽责地保家卫国，工蚁们匆忙地进进出出，搬运食物，皇宫里，蚁后一边批奏折一边思考自己的生子大事。

几只小蚂蚁看到蚁后，围着她来回踱步，似乎在报告什么。听到探寻者的报告以后，蚁后立即钻进一个"房间"，不一会儿，出来一只大蚂蚁和许多小蚂蚁。他们交谈一番后，以探险者为头，排着整齐的队伍出发了。

很快那群蚂蚁到了目的地，他们有序地站在蚯蚓的两侧，像有谁在无声地指挥着，一齐搬起蚯蚓向前移动。谁知，一只蟑螂在搬运的途中跳了出来，所有的蚂蚁都被这突如其来的庞然大物吓到了。但不一会儿，探险者一声令下，所有工蚁都变作英勇无畏的战士。他们冲上去，对着蟑螂撕咬。终于，在付出一番惨痛的代价之后，蟑螂落荒而逃。蚂蚁们又继续搬起蚯蚓返回洞穴。

我在蚁穴边漫游了一个下午，当夕阳轻吻西山依依不舍地落下山时，美妙的蝉鸣，才把我的心唤回来，我发现了蚂蚁王国的生活，我多么得意！我愿意和你一起去蚂蚁的王国散散步。

有趣的科学课

林军杰

昨晚下了一场大雨，今早我在后花园的花坛看到了一条条蚯蚓，我不禁在想，为什么一下雨，蚯蚓就跑到地面上来呢？

这个问题在今天下午的科学课上得到了答案。

下午刚上课，科学老师拿着一个盒子神神秘秘地走进了教室，同学们个个像"丈二的和尚——摸不着头脑"。随着课程的深入，我们才知道盒子里装的是蚯蚓。

课上，老师用蚯蚓给我们做了一个有趣的实验。老师打开了盒子。里面有十几条蚯蚓，盒子里有个小洞，还有两堆颜色有差异的泥土，一堆是干的，另一堆则是湿的。老师把蚯蚓放在两堆泥土的中间，让我们等五分钟，看看五分钟后结果如何。

五分钟很快过去了，老师轻轻地打开盒子，然后捧着盒子在教室里转了一圈。同学们个个都站了起来，唯恐看不到实验的结果。看到的同学们都惊奇地叫道："原来蚯蚓都喜欢潮湿的地方呀！"老师却笑而不语，只是端着盒子给我们看。等大家都看完后，老师清了清嗓子微笑着问："一次实验能下结论吗？""不行。"我们齐声回答。于是，老师请两个同学按同样的方法做了两次，得到的结果是一样的。通过实验，同学们发现蚯蚓喜欢的是黑暗、潮湿的地方。

后来，老师还给我们介绍蚯蚓的习性，总结出：蚯蚓喜潮没有肺，全靠皮肤来呼吸。平时土壤松又软，颗粒之间有空隙，蚯蚓生活在土里，呼气吸气不费力。雨后雨水渗进土，空隙渐小空气稀，蚯蚓呼吸很困难，会极力钻出地面找氧气。听了老师的讲解，我恍然大悟，原来下雨天蚯蚓跑到地面是来呼吸的呀！

这节科学课不仅有趣，还让我们了解了大自然中的奥秘，我多么期待下节科学课早点到来。

蚯蚓的选择

易荣鑫

今天上午我无意中翻开了科学书，当看到了《蚯蚓的选择》这课时，眼里突然"闪起了光芒"，心中禁不住涌起喜悦，因为我很喜欢蚯蚓，对这个实验也充满了兴趣。于是，我准备自己动手做这个实验。

我按照书上的方法，先到小区的土壤中、花坛里捉了十条蚯蚓。然后，又找来一个鞋盒，将盒子的内部涂上黑色，再将盒盖的一半剪掉，接着从小区里挖点土，平铺在鞋盒中，把土分成两份，一份是干燥的，一份是潮湿的。再把捉来的十条蚯蚓放在两份土的中间。最后，将潮湿的土那部分盖上盖子，让干燥的那部分裸露在阳光下。我本想马上就看实验结果，可书上说至少要等五分钟，没办法，只好等了。一分钟，两分钟……时间一分一秒地过去，五分钟终于到了！我立即打开盖子，"啊"，我忍不住叫出声来，因为蚯蚓们全都待在黑暗、潮湿的土壤里。而那干燥、明亮的土里却一条也没有。为了排除偶然性，我又把蚯蚓抓回中间，重新开始实验，连续做了两次，得到的结果是一样的。看来，蚯蚓真的喜欢黑暗而又潮湿的地方，讨厌干燥而又明亮的地方啊！

做完这个实验，我又查找了有关动物生存环境的资料。我发现，企鹅生活在南极冰天雪地中，在碧海苍天中大雁在自由飞翔……它们都生活在自己适应的环境中。原来，所有的动物包括人类，都喜欢生活在自己适应的地方，不同的生物有不同的生活习性，它们对环境就有不同的需求。

我觉得，耳听为虚，眼见为实。做实验，既有趣，又可以让我们很快地记住书上的重要知识，我以后需要多做一些科学实验，这样可以更好地了解奇妙无比的大自然。

有趣的和谐

林子捷

和谐，顾名思义就是和睦地生存在一块儿。在植物界，常常能看到这样的和谐。

在葡萄园里，常能看见大片的紫罗兰。你们知道这是为什么吗？因为在葡萄园中种植紫罗兰，能使结出的葡萄又香又甜，还使环境更加美观。

在月季花盆边，有经验的园丁会种上大蒜或韭菜。你可能会惊叹：天哪！一位亭亭玉立的"姑娘"怎么能让重口味的大蒜、韭菜给毁了呢？至少也得种上像莴苣那样挺拔清新的"白马王子"。让我告诉你吧，月季是娇贵的花儿，容易染上白粉病，嫩绿的叶子会长出丑陋的白点点，既破坏它的颜值又影响健康，而大蒜与韭菜能有效地防治白粉病。

玫瑰与百合是一对挚友，最爱主人将它们种在一起。它们凑在一块儿，必将枝繁叶茂。你想一想，它们一个淡雅，一个浓艳，开在一块儿，怎能不令人赏心悦目呢！

大自然是神奇的，同时也是神秘的。只要你做生活的有心人，相信自然界中有趣的和谐随处可见，期待聪明的你去揭开她那神秘的、像蒙娜丽莎微笑般的面纱。

苗岭的早晨

邱 毅

今天上课老师给我们带来了一首曲子：《苗岭的早晨》，听着听着，我脑海里不由得浮现出了一幅唯美的画面。

苗岭的早晨，天刚蒙蒙亮，一只俏皮的百灵鸟，站在一棵高大挺拔的大树上啼啭。不一会儿又飞到浓密的草地上，时而翻飞盘旋，时而高声歌唱。渐渐地，渐渐地，鸟儿们成群结队地唱着歌儿也飞到了草地上，准备展开一场精彩的音乐大会。你看，喜鹊、杜鹃都跃跃欲试，好像准备大显身手似的。突然，远处传来了一阵婉转的笛声，是勤劳的小牧童起床放牧了。这下可好，有了笛声和牛羊声的伴奏，鸟儿们唱得更欢了。鸟儿们你一唱，我一和，动听的音韵此起彼伏。先飞出来的百灵鸟声音最为动听。不一会儿音乐会结束了，只剩下小牧童婉转的笛声。鸟儿们累了，静静地听着牧童优美的笛声。牛羊们一边贪婪地吃着草，一边听小牧童的笛声，有些大胆的鸟儿还飞到了小牧童的肩上，惬意地欣赏着。

渐渐地太阳出来了，人们也都起来了，孩子们背上书包，勾肩搭背，手挽着手，上学去了。男人们扛着锄头下田去了，妇女们端着木盆去河边洗衣服。老人们坐在大树下谈天说地。凉爽的风吹来，树叶，小草，小花，五彩的衣裳，黑黑的头发都在翩翩起舞，成了苗岭早晨一道美丽的风景。

苗岭的早晨是一个欢腾的世界。

《森林狂想曲》随想

陈秋蓉

今天，冯老师给我们带来了一段优美的音乐，名叫《森林狂想曲》，听着听着，我仿佛置身于月光如水的森林中，忘了世界，也忘了自己。

夜晚，月亮悄悄地爬上了漆黑的夜空，又大又圆的月亮在夜空中好似一只大圆盘。"呱呱呱、沙啦啦……"一声声蛙叫打破了黑夜的沉寂，可爱的小青蛙一蹦一跳地来到池塘边，跳上碧绿的荷叶。他清了清嗓子放声大唱起来："呱呱、呱呱呱……"声音时而高昂，时而低沉，小青蛙把荷叶当成了它的舞台，尽情地歌唱。呼呼的风声似乎也在为小青蛙伴奏。 这时萤火虫姐姐飞来了，她也不甘示弱。萤火虫姐姐一边发出亮光，一边在漆黑的夜空中翩翩起舞。慢慢地森林里的小动物也苏醒了。你瞧，花蝴蝶姐姐穿着一身鲜艳亮丽的衣服来参加音乐会啦！花蝴蝶姐姐随着萤火虫姐姐跳起了优美的舞蹈！百灵鸟歌唱家也来参加音乐会啦！百灵鸟一手拿着歌谱，一手弹着小草做的钢琴，放开嗓子啼啭起来。池塘边的垂柳婀娜多姿，在微风的吹拂下摇摆着长长的秀发。在柳树上乘凉的蝉儿，听到这些优美的乐曲，也情不自禁地唱起歌来："知了！知了！知了！" 优美的歌声，像灵泉一般，从细长的垂柳中流了出来……

在夏日里开这么一个清凉有趣的音乐会，真惬意啊！"呼！呼！呼！"歌声越来越小，啊！小青蛙睡着了，百灵鸟累了，我也随着老师的呼唤声开始写作了。

森林音乐会

陈　新

夏夜，在一片宁静的森林中，虫子们正在开着属于它们的音乐会。

月光如水，静静地泻在这一片黑暗的天空，虽然光并不亮，但却恰到好处，如一缕薄纱，轻罩着这片宁静的森林。"三、二、一，大家准备好了吗？我们的音乐会正式开始了哦！"突然，一个声音打破了这夏夜的宁静。是谁在说话呢？哈哈，原来是我们这一届昆虫音乐会的总导演小鸟在倒计时呢！只见鸟儿导演一声令下，身旁观众席上便传来了观众们雷鸣般的掌声。过了一会儿，台上便走来了第一个节目表演者——青蛙合唱团。只见它们的指挥走到队伍的最前边，而青蛙们则鼓起腮帮子，等待指挥发号施令。"呱、呱、呱……"突然，随着声音的响起，舞台上也亮起了一片光，仔细一看，原来是萤火虫啊！它们不是每年都有表演节目吗？今年怎么却担起了灯光师的重任了呢？我疑惑不解，便问了一下这次演唱会的导演，导演告诉我，今天月光不好，所以只好邀请萤火虫们来补补光了。我一听，也是佩服这位导演的想象力，灯光师就灯光师嘛，还学人类叫补光，也是太厉害了。

　　过了一会儿，青蛙们终于演奏完了，继而又有天鹅、百灵鸟、蜜蜂来为我们表演，但让我印象最深的，却还是最后一个压轴表演。这次的压轴表演是由蟋蟀奥西和它的乐队表演。听说这个奥西是森林界的大明星，导演可是花了重金才把它邀请过来的。所以，当奥西一上场就被观众的热情和欢呼声淹没了，只见它戴着一副墨镜，嘴角微微上扬，伸出手挥舞着，还即兴给大家跳了一段街舞——《双截棍》，那动感的节奏像火山爆发似的使观众躁动起来，就连我也被他们的热情感染到了呢，全身也禁不住扭动起来！

　　我陶醉在森林音乐会里，直到"咔擦"一声，《森林狂想曲》音乐停止了，才把我的心唤回来。我赶紧拿起笔，记录下了这美妙的瞬间！

月光下的音乐会

范雨霞

今天作文课上冯老师放了一首音乐，名叫《森林狂想曲》。随着"沙，沙，沙，沙……"的风吹树叶声响起，我听得如痴如醉，仿佛置身于美丽的森林之中。

在一个银白色月光笼罩的夏夜里，星星们就像明亮的宝石一般，光芒四射。一只只披着绿衣裳的小青蛙从清澈见底的池塘中蹦跳到了荷叶上，仿佛那片荷叶就是它们的舞台，它们清了清嗓子，一呼一吸地放声歌唱了起来，那歌声时而高时而低，清脆悦耳。紧接着蛐蛐、蝉、杜鹃和蜜蜂听到这嘹亮的歌声，按捺不住也匆匆赶来了，"哦！别忘了还有美丽的蝴蝶和可爱的萤火虫呢！"青蛙乐队的团长乐呵呵地提醒道。"既然大家都到齐了，我们的音乐会开始吧！我已经迫不及待了哟！"大家一致同意了，杜鹃姐姐激动地开屏跳起舞来了。

在杜鹃姐姐的引导下音乐会就这样开始了。"呱、呱、呱……"青蛙乐队准备就绪了。"叽、呱、蛐、蛐……叽！喳！"优美的音韵，像灵泉一般流了出来！小兔、小狸猫、百灵鸟、黄鹂……森林里的小动物们都被这精彩的音乐会吸引来了。连工作繁忙的猫头鹰夫妇都放下手中的工作来听这场音乐会。青蛙乐团、百灵鸟小姐、杜鹃鸟姐姐、黄鹂鸟姑娘、蛐蛐、蝉和蜜蜂姐妹负责唱歌，猫头鹰夫妇负责主持,四小天鹅、萤火虫、蝴蝶负责伴舞,演出井然有序地进行着……

轮到百灵鸟小姐表演了,百灵鸟小姐那婉转奇妙的女高音,听得我心都碎了。"知——了,呱呱呱呱呱,蛐、蛐、蛐……"伴着优美的音韵,四只小喜鹊迈着小碎步来到了舞台中央,拍打着翅膀,扭动着婀娜的腰肢,犹如亭亭玉立的少女,即兴表演起来。

"丁零零,丁零零……""同学们,这节课就上到这儿,下课!"老师铿锵有力的声音才把我的心唤回来,月光下的音乐会多么令人陶醉呀!

阳光下成长

  我想,我可能永远忘不了他,因为他总是如阳光一样温暖,做事是这般,做人是这般,教学更是这般。如三月春阳,如六月艳阳,如八月骄阳,如十月暖阳,我在他"倾泻的阳光下"坚持、努力、成长!

秋·旅

黄翊瑄

秋天，是一个成熟的季节，一个收获的季节，一个充满幻想、适合旅游的季节。

我来到蔚蓝色的大海边，秋日的天空格外深邃高远，天上没有一丝云朵，好像一块巨大的蓝色画布，与清澈的海水连接在一起，竟让我分不清哪个是水，哪个是天。我拿起铲子向大海奔去，在沙滩上开始伟大的"海滩工程"建设。我挖了三个很深的洞，洞与洞之间是相通的，像一座巨大的地下迷宫！挖累了，我就开始在岸边奔跑，与浪花玩起跑跑抓的游戏！一个大浪打来，海水像个调皮的小孩，泼湿了我的衣服，我却一点儿也不生气，反而笑着扑向大海的怀抱！

夕阳西下，太阳的余晖洒向大地，洒向海面，海水刹那间被染成了红色。我牵着爸爸妈妈的手，在夕阳下散步，我们的背影，是留给海边最温情的拥抱。

环岛路上，路边的梧桐树脱掉了华丽的金色衣裳，准备迎接下一个季节的到来。树下，似乎有成群的黄蝴蝶在飞舞，原来是落叶踏着旋转的舞步，欢喜而又依恋地投向大地的怀抱。

远处的植物园像是被上天施了魔法，秋风一起，层林尽染，纷纷杂杂的颜色聚在一起好不热闹，像是一场华丽的表演。它们都画上精致的妆容，挑选出最出彩的衣裳，向世界展示它们的风采。

秋日来厦门的旅行最浪漫。

难忘的下乡之旅

曾敬依

星期一，我们四、六年段在快乐的气氛中跨上了通往下乡之旅的巴士。我的心情大好，上次，我因生病没能下乡，看着同学们回来后津津乐道的样子，我难过了好一阵。这次是我第一次离开父母，独立生活，我心里充满了期待。

"呼——"车门如同风似的打开，站在门口的是一名身穿军装的男子，他没有我想象中的那么帅，那么威武，而是位满脸痘痘的教官，他姓黄，我们都亲切地称呼他为"黄豆官"。我们拿好了行李，"黄豆官"带我们去卧室，门伴着一声欢呼声打开。"呃……不会吧？"我们一阵惊叫，出现在眼前的是上下铺的铁架床，被子上打了好几个补丁，枕头也算得上是次品，都凹下去了，地板又黑又脏。"黄豆官"要求我们午饭前打扫好室内卫生。我们像无头苍蝇一样，忙活了好一阵，终于把内务整理好了。一个早上就这样过去了，到了开饭时间，同学们高兴得手舞足蹈，我们早就饿了，可"黄豆官"却要我们喊口号。没办法，我们只得"一二一，一二一、一二三四"地喊。喊完口号，同学们冲进饭堂，可万万没想到，老师要大家说饭前感恩词"感恩天地，滋养万物，感恩国家，培养妇幼，感恩……"

读完后，教官一声令下，同学们才一个个狼吞虎咽地吃起来，那饿模样，真是难以言状。

吃完饭，就是我们的午休时间，午休过后，就是"魔鬼训练"了。我们喊着响亮的口号，迈着有力的步伐，摆着双手绕着操场一圈又一圈地走，走了三圈后，"黄豆官"又让我们练军姿、坐姿、蹲姿，一连叫了好几声："立定、稍息、立正、背站！"我觉得自己像个小军人一样，几个转身、跨步显得我们很有气势。

当然，下乡的日子也有甜的时候，让我难忘的是星期四，"黄豆官"让我们大家做的阳光伙伴这个游戏，就是把大家的脚绑在一起，也就是两人三足走，哪队有人摔倒，哪队就输，"黄豆官"把我们分成三队，每队十人。比赛开始，我们一起走向终点。"啊！"一号队在尖叫中"壮烈牺牲"，全队倒下。再看看我这队，摇摇摆摆，很明显，我是被拖着走的，脚好像都不是自己的一样，被夹在队伍中间的我难受死了，不久也倒下了。而三号队，在队长的指挥下，井然有序地行进着，最终，三号队获胜了。这次游戏让我知道："团结就是力量，只要大家齐心协力，就会战胜一切！"

下乡是我们枯燥又乏味的小学生活中一次全新的体验，这次下乡令我难忘。

海 之 行

杨浩文

　　今年暑假的一天傍晚,我与家人登上了开往湄州岛的快艇,迎着海风,大海的魅力与风采展现眼前。一望无际的大海,茫茫的一片,水天相接,分不清哪儿是海,哪儿是天。傍晚的夕阳照在海面上,闪闪发光,像许多蓝色的精灵在跳跃。

　　当最后一抹斜阳消失在无边无际的海平线上时,我们才下了船,走上了海堤。没走多远,我们就被一堆岩石挡住了去路,隐隐约约地看见岩石间的几个小水塘。在爸爸的带领下,我们慢慢地向水塘挺进。突然,一个横行霸道的"强盗"从石缝里冲了出来,挥舞着两个大钳子,乌黑的盔甲闪闪发亮,好像在对我们说:"不许动,这里是我的地盘,休想再往前走一步。"说时迟,那时快,只见爸爸早已悄悄地脱下了鞋子,一扬手,拖鞋就像箭一般向"强盗"螃蟹飞去。螃蟹一瞧,连忙向旁边一躲,往石缝里钻进去。爸爸不甘心到手的螃蟹就这样没了,使尽力气搬开石头,终于捉住了它。爸爸拎在手上炫耀战果,竟像孩子一般激动地大叫起来:"我抓住螃蟹了!"逗得我们哈哈大笑。

　　我们继续往前走。"快来看啊,好漂亮的海石花和小丑鱼!"妈妈兴奋地叫了起来。我顺着妈妈手指的方向望去,只见在水塘的深处开着几朵毛茸茸的海石花，在它的附近，还有几头色彩斑斓的小丑鱼在玩耍着。我情不自禁地走过去，伸手去摸它，小丑鱼丝毫不怕我，反而用小嘴巴一下又一下地亲吻着我的双手，每吻一下都拨动着我的心弦……

　　登上堤岸，阵阵海风向我们吹来，海面黑茫茫的一片，只听见海水撞击岩石的声音。眺望远处那素有"海上布达拉宫"胜名的妈祖庙，它那灯火辉煌的身影在夜色的衬托下显得更加美丽动人。"夜晚的大海，好美啊！"我不禁赞叹道。

月下访友

冰　荷

　　走出家门，就与湿润的微风撞了个满怀，风中飘着小草淡淡的气息，夜晚的微风，好凉爽！

　　不坐车，不邀游伴，也不带什么礼物，就带着满怀的好心情，独自去月下访问我的朋友。

　　那片荷花池，是我要拜访的第一个朋友。啊，美丽的荷花，你如一位亭亭玉立的舞女，与微风舞了许久了吧！你婀娜的舞姿，吸引了多少路人，让他们深深陶醉。在月光的抚摸下，你如在牛乳中洗过一般，又像笼着轻纱的梦。

　　在幽径上慢慢地走着，风儿轻轻抚摸着我，杨柳向我轻轻招手，给我送来无边的青翠。静静的，我仿佛也成了一棵杨柳，微风帮我梳头，山泉邀我一起舞蹈。小鸟落在我身上，帮我挠痒痒，我与它一起听风儿的声音。

这月下的一切，哪个不是我朋友？我热切地和它们打招呼：你好，洁白的茉莉花，你圣洁的白裙子，在风中显得多么有魅力！你好，清凉的山泉，你奏响了《月光曲》，是欢迎我的到来吗？你好，青青的翠竹，你投下的影子，在月光下显得那么挺拔！你好，归家的燕子，你在枝头上欢快地唱着歌，是邀请我去你家做客吗？

抬头望，月亮高高地悬在空中，为大地披上了朦胧的纱裙。啊，月亮，你总是代表着海外游子们思乡的情怀啊！多少千古佳句由你而出："举头望明月，低头思故乡""海上生明月，天涯共此时""春风又绿江南岸，明月何时照我还"。

不知不觉夜已深了。我轻轻地挥手，告别了月光下的众多朋友，带回了满怀的好心情。

台上的滋味

陈华逸

伴随着下课铃声缓缓响起，我的心也随之紧张起来，那是因为我等会儿要在竹苑舞台上现场画国画，将面对两千多双观众的眼睛，想想真让人紧张。想着、想着，我不知不觉就来到了竹苑舞台上。

我的心忐忑不安，往下看，两千多双好奇的眼睛聚焦在我们身上。我害怕了，心脏怦怦跳个不停，仿佛怀里抱着一只兔子，上蹿下跳，好不安分。天阴沉沉的，风刮过脸颊，刀割似的疼，我内心别有一番滋味：在台上，我的心是兴奋的，能感受到登台表演给我带来的快乐；在台上，我的心是七上八下的，感受到这是人生给我带来的考验，登台只是第一步，成败在此一举；在台上，我的心是自豪的，我能看出台下同学们投来的目光是羡慕的，感受到的是前所未有的自豪感。而此时，我的心更像打翻了的五味瓶，初次登台夹杂的紧张苦涩、期待中伴随的甜蜜酸楚……表演开始了，随着墨笔的挥舞，我兴奋的心情胜过了紧张和恐慌，我越画越有信心，心是通透的、欢悦的，之前的紧张感荡然无存。乌云密布的天空突然撕开了一个大口子，金子般的阳光均匀洒在我的身上，当一幅完美的国画展现在同学们面前并得到如雷鸣般的掌声时，我知道我成功了。此刻世界上任何优美的词句都无法形容我的喜悦心情，我想大声呼喊，让大家一起分享我的快乐。

从这次竹苑舞台表演中，我明白了许多：只有战胜了自己，才能跨出迈向成功的第一步；只有战胜了恐惧，才能变得勇敢；只有敢于接受挑战，才能有机会获得成功。其实，最大的敌人就是自己，小舞台、大世界，只有战胜了自己，才能迈步奔向成功的舞台。

第一次上台

熊财乐

今天早上，是我们班第一次在神圣的竹苑舞台表演，我十分兴奋。因为我们班一共有三个节目，第二个节目是我和黎子俊的相声表演。

操场上的人渐渐多了起来，我们每个人都微笑着面对观众。第一个节目是乐器演奏《荷塘月色》，阵势非常大，有古琴、葫芦丝和伴唱。乐器的声音很悦耳，我们也慢慢地哼了起来。

我的心怦怦直跳，因为第一个节目的音乐已经接近了尾声，下一个节目就是我和黎子俊同学上台表演相声了。主持人报完幕，我和黎子俊走上了舞台，我们俩说一段开场白之后开始了我们的相声表演。我说完一句，脑子里就立马想下一句台词是什么！我越说越紧张，开始有点不敢看观众了，我的两条腿不受我自己控制，不由自主地开始发抖，只听见台下传来阵阵掌声。好不容易，我和黎子俊的相声终于结束了，而我的紧张感丝毫未减，我低着头给观众鞠了一躬，不知怎么回到原来的位置的。

最后一个节目是大合唱，我们唱的歌是《蓝天向我们召唤》，我们每个人手上都拿着一朵花，我在挥手的环节，不小心把花弄到前面一个同学的位置上去了，我尴尬地挥着没有花的手，怕丢了全班的脸，我故意把手放得很低。

演出终于落下了帷幕，到了颁奖的环节，我十分兴奋，因为是邓校长给我们颁奖，我和校长握手了，我自己都不敢相信。

这一次竹苑舞台给我极大的自信，我以后不会再恐惧上台了。

机会是给有准备的人

刘丽雅

盼星星,盼月亮,终于盼来了星期五的早读课。大清早,我来到学校就看到同学们三五成群地在走廊排练,知道这是为什么吗?因为今天是全班都期待的日子——综合性学习展示会。

展示会伴随着清脆悦耳的铃声拉开了序幕。我们这次综合性学习的主题是《祖国在我心中》。展示会分为九个小组,我也在其中一组,我们组的六个同学表演的是诗歌朗诵。排练时,我总是读错字,经过几次排练后,我们组已经可以十分顺畅地配合了。

过了一会儿,展示会开始了。有讲故事的,有演小品的……令我印象最深的是第二小组的节目,她们表演的是小组唱《祖国在我心中》,伴随着悦耳的旋律,六位女生优美的声音让同学们如痴如醉,有的闭上眼睛,有的用手打着节拍,有的跟着她们一起大声歌唱……她们的表演让我赞叹不已。

伴随着同学们响亮的掌声,到了我们小组的节目。我的心怦怦直跳,像有只小兔子在我心里蹦来跳去。到了台上,我心想:在这关键时刻,千万不能掉链子,我的手紧紧地拉着衣角,手心不停地出汗,心提到了嗓子眼,生怕读得不好。我一张开嘴,脑子里就一片空白了,我只顾着读,等到读完了,听到同学们的阵阵掌声,我这颗悬着

的心终于放下了。坐回位置上，我长舒了一口气。

后来的节目一个比一个更精彩……

这次展示会，我明白了一个深刻的道理。机会是给有准备的人，要有勇气战胜自己，只有这样，才能到达成功的彼岸！

我为自己歌唱

杨亦乔

往事就像泡泡一样飘浮在我的心田上。可那件事，却深深印在我的脑海，至今回想起来还倍感自豪。

记得那一次，我们学校召开了一年一度的校运会，同学们大力推举我去当运动员，我因此背上了为班级争光的重任。

每天放学，我都与其他运动员一起，在操场上卖力地练习。每当我累得上气不接下气，想放弃的时候，想起同学们那鼓励的眼神，我就会坚定地站起身来，继续向前跑去。

终于挨到了比赛。当我和对手站在起跑线上，裁判高举发令枪时，我的心都提到了嗓子眼儿，豆大的汗珠不停地从我的额头上滚落下来。"砰！"随着一声发令枪的响起，我们像一支支离弦的箭一样冲了出去。一圈、两圈、三圈……啊！就只剩下一圈了。我累得气喘吁吁，耳边响起了同学们那激情四溢的鼓励："加油！五（1）班必胜！"这些话语就像冬日里的一把火，重新激发了我的能量。我就像一个小马达，"突突突"地往前冲。

"太好了！我们赢了！"我刚刚冲过终点线，就有一大群同学围了上来，眼睛里闪着兴奋的光。随着音乐的响起，我登上了领奖台，老师为我戴上了奖牌，我的心里乐开了花。

我是最棒的，我要为自己歌唱。

别样的收获

洪可欣

金秋十月，大地迎来了累累的硕果，我们也迎来了一年一度的军训。与以往不同的是，我不再是只会玩耍打闹的小学生了，已成了"小大人"的小学毕业生。因而，此次参加军训，感受颇丰，深刻领悟军训好似课堂，带给了我别样的收获。

理在其中

在与教官、同学们朝夕相处的五天里，我们共同度过了不少快乐时光。但静下心来之时，猛然发现，一个个游戏都蕴藏着一个个深刻的道理，才明白原来教官们是用心良苦啊！

在军训的五天里，教官组织我们玩了一个又一个好玩的游戏。有让我们知道"团结就是力量"的"罗马炮架"游戏；有"飞夺泸定桥"，让我们明白了新中国的成立是多么来之不易！但最有趣的还要数"勇敢者之路"。

"加油，加油……"那天在游戏当中，我们班的呐喊声一浪高过一浪。同学们个个不甘示弱，都想当一回勇者。眼看就要轮到我了，看着那一根根由两根粗铁索吊着的木桩、钢管，我心里忐忑不安起来。哎哟，又一个败下阵来！轮到我了，我深深地吸了一口气，鼓足勇气，就像战士要出征一样。我先抬起右脚，小心翼翼地踩上第一个木桩。呀！重心不稳啦！我的左脚迟迟没有抬起来。我的双手牢牢地抓住两根铁索，将重心移向右脚，左脚慢慢抬起。同学们见我这样，都在为我加油助威。在一声声的鼓励中，我平静下来，告诉自己不能放弃，坚持到底就是胜利。于是，我将前两根铁索握在手里继续努力。霎时，便将左半边身体拉到了前面。我用同样的方法过了第二根、第三根、第四根。不幸的是，过第五根木桩时，我的重心不稳，一下子让木桩横了过来。"可欣，快向前踩一根！"在一旁的子昀着急地喊道。在这千钧一发的时刻，我突然赌气似的一跳，"呼——"好险！我终于完成了第一项。我在木桩上荡啊荡，觉得刚才那一秒好漫长，也许在别人看来只是普通的一跳，却不知道我要下多大的决心才能完成。接下来要走钢管了，有了前面的经验，我信心十足，不紧不慢地一根一根向前走，三根、二根、一根！我成功通过"勇敢者之路"了！同学们都为我喝彩。在一片欢呼声中，我明白只要下定决心，坚持永不放弃，就没有做不到的事！

训中"拾贝"

　　"百善孝为先。"这是耳熟能详的一句话。但这次参加军训德育课，我才深刻领会了它的真谛。印象最深的是那节课。那天，我们观看了电影《闵损与后母》，影片中讲述了闵损的后母在其父亲不在家时虐待闵损，而当闵损的父亲要休妻之际，闵损却替后母求情。这是多么宽大的胸怀，多么孝顺的践行。在故事的结尾，闵损说："母在一子寒，母去三子单。"这句话久久回荡在我的耳际。是的，闵损不仅守孝道，而且还会为他人着想。试问，我们能有多少人做到了"换位思考"？有多少人做到了"孝"？同学们，让我们好好想想：是否该向闵损学习呢？

更值得一提的是，周三下午，我们在老师的带领下，还参观了"模拟法庭"、反毒、反邪教等教育馆，我们不仅认识了法律的威严，毒品、邪教的危害，还明白了："国有国法，家有家规。"任何人触犯了法律，都将受到法律的制裁。法律面前，人人平等。

……

这次军训使我受益匪浅，我有了不同学校课堂的别样收获，他们就像美丽的贝壳，都将存入我成长的脑海，指引我一路前行。

让墨香溢满成长路

叶林佛青

倚窗向书桌望去，饱蘸浓墨的毛笔，如温柔的指尖，弹奏出了我学书法之路上的乐章。

爷爷爱好书法，小时候我大部分的时间都是在爷爷书房的墨香里成长。每当看着爷爷轻轻提笔，小心蘸墨后，时而轻柔滑过，时而笔尖忽转，不一会儿，一个俊秀的字跃然纸上，我总羡慕不已。等我长大了一些后，便缠着爷爷教我，爷爷欣然答应了。从此，我便踏上了学书法之路。

刚开始我兴致勃勃，喜欢信手涂鸦，可后来发现，这不是一件简单之事。每个字都要一笔一画地练，一字一字地写，甚是无聊，我欲弃之。"凡事要有恒心。"爷爷微笑着对我说。看爷爷在一旁监督，我也只好硬着头皮继续练。一天，两天……一个月，两个月……可进展甚微，我越写越烦躁。一天，爷爷见状，又微笑着对我说："心静方能写好字。"我抬起头，看了看爷爷，然后拿起笔重新练习，爷爷则静静地站在身边看着我写，适时给予指导。以后，只要我练得心烦，爷爷就走到我身旁，静静地陪着我，待我平静之后指导我。奇怪的是，经过一段时间的练习，我发现自己在书法世界中的蜕变：我的手不再颤颤巍巍，稚嫩的歪歪扭扭的字迹变成了行云流水般的笔迹；心中的烦躁被抚平了，可以静下心来做任何事。

渐渐地我爱上了书法，平常只要一有时间，我就会拿出笔墨，铺开纸，不厌其烦地练习。功夫不负有心人。如今，我获得了许多书法奖项。但我并不满足，对自己提出了更高的要求。中国书法是博大精深的文化，或入木三分，或美女簪花，或龙飞凤舞，或提顿起伏……王羲之、张旭、颜真卿、米芾，各代的大书法家铭记在我心。我暗下决心要刻苦练习，争取向他们靠拢。

淡淡墨香，悠悠我心。怀着对书法的热爱，我，将在这墨香中一路走下去，让墨香溢满我的成长路！

漫漫学琴路

黄言晰

初接触古筝，并没有太多的想法。那时，我的家长觉得我应该学习一样乐器，听说古筝没那么难，便叫我学了古筝。我也懵懵懂懂地接受了。

记得那年，爸爸领我进了老师家，我只是呆呆地听着老师说的知识，她先是告诉了我最基本的指法，让我用正确的指法弹一根一根的弦。古筝的音阶分得很简单，是分音区的，看的是简谱，十分浅显易懂。我随便乱弹琴弦，发出了很多指甲碰着筝弦时不和谐的声音。老师不厌其烦地纠正着我的指法，我的手指虽然一直为此扭得疼痛，但也终于纠正了过来。

学到后来就更难了，看似柔软的弦要尽全力才能按下去，手指常常为此疼上好几天，却还是要继续练习。同时，我的左手也加入了弹奏的队伍。虽然学得很努力，曲子却依然被我弹得很乱。我曾经很多次对家长说我不想学了，但最后都是哭着继续练琴。幸好功夫不负有心人，现在，我左手按弦的几只手指已经长出了茧，左手也渐渐更好控制了。从那以后，我终于弹得出像样的曲子了。轻轻拨动琴弦，装作老师的样子按弦，还真有点古朴而典雅的味道。我终于想起了古时的文人雅士，虽然他们弹的是古琴，但我想这也差不了太多吧。

随着时光的流逝，我学古筝的时间越来越长，各种指法的难度不断增加，曲子也越发高深。我开始从音乐里体会到什么。这些曲子有些曲调轻快，节奏富有"弹性"，那是快乐的曲子；也有一些速度偏慢，每一个音都有长久的回音，像是悲哀的人们诉说着苦难；也有曲子音调厚重，听起来宏伟庄严；还有些曲调灵动而百转千回，像鸟儿的啼啭，也像流水潺潺。乐曲是有感情的，古筝里的感情之流露就宛如一幅幅形态万千的国画，也像是文人们笔下或端庄或狂放的书法。而音符就是汉字或颜料，时刻透露国风中优雅而美丽的一面。

现在我的古筝过了五级。我也不准备永远为着考级而练琴。我经常在闲暇时弹弹琴。有时我也会挑战一些高深莫测却又无比优美的乐曲。我的琴摆在窗台前，望向窗外，我相信，在我人生路上，无论遇到任何困难，我都会让琴声陪伴我左右。

阳光下成长

王　妍

阳光轻轻淡淡把暖色光晕洒下，柳絮般的轻盈，火炉般的温暖，总是那么莫名令人欢喜。

四年前接触书法，两年前唤他为师，学至今未断。初见他时，便知他温柔如阳光，散发着温暖，到他教我时，果不其然！他把手覆于我手上，轻轻捏着，起笔稍用力，却也轻柔，笔尖忽转，慢慢滑过，再即刻落笔，漂亮的回峰，"一"字跃然纸上，字真如人，不失大雅，不忽小节。不知怎的，一到他家，一到他的"范围"内，就像沐浴在暖阳下，感到心静人安。

时不时要请他指导，写几幅作品，他笑着，从不嫌烦。先让我把内容熟读成诵，理解内容后写一遍在纸上，再字字教我，如何起笔，怎样流畅，再者布局妥当，待我练个数遍后，才会写下。一次，任务重又赶，我的心也渐渐烦躁起来，把毛笔弄得开叉，把宣纸揉得皱巴巴的，满桌都是墨迹，眼看快夜里十一点了，更是极度心烦，笔一摔，纸一丢，坐在地上发起愣来。他走过来，站在我身边，在桌前整理，整个房间安静如无人，我俩就这么背对背，谁也不想出声。忽然，他轻声说了一句："写字在于心静，不是常对你说吗？"我抬起头，桌前橘色的灯散着暖光，朦朦胧胧地照在他身上，好像是他发出的光！那一瞬间，我心平静下来，抬起头，站起身，重新开始，重新铺纸，重新执笔，重新蘸墨，按他的教法，心无杂念地端正而写；而他坐在一旁，静静地看着书，静静地散发着令人心安的温暖……就是在他"阳光般的教导"下，我才取得了很多很多荣誉。

我想，我可能永远忘不了他，因为他总是如阳光一样温暖，做事是这般，做人是这般，教学更是这般。如三月春阳，如六月艳阳，如八月骄阳，如十月暖阳，让我在他"倾泻下的阳光下"坚持、努力、成长！

难忘那场火

郑舒怡

每当我回想起几年前我家发生的那次失火场景,我还心有余悸,忍不住打寒战。

那是一个盛夏,我正沉浸在书的海洋里。突然,一股烧焦味扑鼻而来,我预感大事不妙,寻着味儿跑下楼,烧焦味更加浓郁,原来是楼下客厅传来的。我推开门,浓烟呛得我直咳嗽,眼前的一幕令我大惊失色:沙发烧着了,火焰正在向边上的垃圾桶和地板蔓延。弟弟愣愣地坐在地板上,手里紧紧地攥着打火机,脸色苍白。我吓呆了,许久才回过神来。我明白了怎么回事,以迅雷不及掩耳之势把弟弟抱出客厅,然后冲上楼去叫妈妈。妈妈睡眼蒙眬,但经过我一嚷嚷,立刻从床上跳了起来,边跑边对我说:"快到卫生间打水去!"我急忙跟着妈妈跑。我们俩进卫生间各打了一桶水,等我们提到客厅时,火势更猛了,沙发,垃圾桶和地板全烧着了。弟弟傻愣愣地站在门口,一动不动。我和妈妈奋力把水向火泼去,进进出出了几次,火终于败下阵来了。

沙发的一角烧焦了,垃圾桶被烧得面目全非,光滑的木地板留下了一块黑黑的"伤疤"。妈妈望着"失火现场",不禁喃喃自语:"还好及时灭了火,要不然后果不堪设想啊!"弟弟预感大事不妙,低着头，耷拉着眼，似乎已准备好了接受妈妈的"枪林弹雨"。可出乎意料的是，妈妈并没有生气，她长长地呼了一口气，说："今天还好怡儿发现及时。"过了一会儿，妈妈抚摸着弟弟的头，语重心长地对我们说："你们要牢记，打火机不要随便玩，如果家里着火了，要马上告诉大人；如果没人在家，要大声呼喊，或敲打面盆、铝锅等能发出响声的东西，然后迅速拨打电话'119'向消防部门报警，明白了吗？"我们马上点了点头，弟弟的脸红得像个番茄似的。

几年后，我每次凝望"失火现场"，眼前又浮现出了那场火，耳畔又响起了妈妈的教诲。

让生命的乐章悠扬

荞 茉

如果说生命是一首美妙的乐曲，那么，安全就是生命乐曲中的一个重要的音符。

校园安全，是学生学习生活的重要保障。它是生命乐章中至关重要的音符，可有些同学却视而不见。学校已经三令五申，不得在走廊里嬉戏玩耍。可有些同学就是不当一回事。这不，上个月，我们班几个篮球爱好者，一下课，就在教室的走廊上打起篮球来。他们传球、接球、运球，打得热火朝天。突然，张军一个传球，高永没接住，球重重地砸在窗玻璃上，"哐当"一声，玻璃碎了，碎片四处飞溅，走廊上的同学四处躲闪。不幸的是，张敏同学坐在玻璃窗前的位置上看书，没防备，好几块玻璃片扎到了她的头，鲜血淋漓。闻讯而来的老师把张敏火速送往了医院，那场景真是不忍目睹。

无独有偶。前些天，二年级的几个同学在教室门口打打闹闹，一会玩跑跑抓，一会跨步，玩得不亦乐乎。上课铃响了，他们推推搡搡进教室。一个同学不知被谁推了下，重重地摔倒在地，额头撞到了教室门的尖角处，顿时，额头开了个口子，鲜血直流。同学们吓坏了，那位受伤的同学立即被送去了医院。

其实，这样的安全问题在校园屡见不鲜。同学们，你们可曾想过，也许就在您决定铤而走险的一刹那，你就不得不为此付出代价！轻则伤人，重则危及生命。其实，对校园安全的忽视就是对生命的忽视！我真心地希望大家能从尊重生命的意义上关注我们的校园安全问题，学会关注安全，爱惜自己的生命。因此，同学们，让我们从现在起，养成良好的行为习惯，增强安全意识。下课时间主要是休息好，并做好上课的准备工作，不要在校园的走廊、操场或楼道横冲直撞，打打闹闹，更不能在走廊、楼道打球，做危险游戏，以免互相碰撞，造成伤害。

同学们，只要我们从小处着手，加强自我保护，远离危险，就能弹奏好生命乐曲中的一个个重要的安全音符，就一定能够让生命的乐章悠扬，让青春的梦想飞翔！

生命的力量

陈泽森

鸟儿感谢蓝天，因为蓝天让鸟儿自由飞翔；鱼儿感谢碧海，因为碧海让鱼儿快乐畅游；而我感谢那次受伤，因为它让我感受到了生命的力量，让我变得勇敢、坚强。

还记得那年大年三十，我由于贪玩，脚被摩托车卷了进去，脚跟受伤了。大年夜，当万家灯火通明、鞭炮声不绝的时候，我被推进手术室进行了第一次手术。可没想到的是，当第三天查房的时候，医生告诉我们，我脚跟的肌肉坏死，需马上做第二次手术，还有可能要植皮。我被吓坏了，又哭又闹，不肯动手术。医生着急了，说如果不马上进行第二次手术，后果会更严重。妈妈含着泪，给我讲述了海伦·凯勒和霍金的故事，让我知道他们坚强地向命运挑战，用自己的毅力使得生命绚烂多姿！我被感动了，我无法想象病魔的几次大考验，他们居然会安然地活下来，还会写书，变为作家。渐渐的，我不再那么抵触动手术了。当我平静下来的时候，妈妈指着窗外在寒风中摇摆的一棵翠竹对我说："妈妈希望你做一个勇敢坚强的孩子。"虽然，当时我并没有完全明白妈妈的话，但我知道，我的脚一定要动完手术才会好起来。于是我冷静地接受了第二次手术。庆幸的是第二次手术非常成功，医生说，可以不用植皮，只要康复训练做得好，没有后遗症。此时，我们一家高兴得热泪盈眶，妈妈更是激动，摸着我的头说感谢生命对我的眷顾，让我免受植皮之苦。

在后来的康复训练中，桃源洞和虎行山成了我的康复训练地，当然妈妈自然而然地成了我的"康复指导师"。即使我一瘸一拐，可妈妈始终坚持让我一个人爬完全程，在那一次次的攀登中，我无心观赏美丽的风景，只为了能爬到顶峰，我知道那是一股生命的力量在支撑着我。但每登上一次，我都有一种征服感。经过五个月的康复训练，我终于可以和往常一样，又蹦又跳了。

我感谢那次受伤，让我对生命有了更深刻的认识；我感谢妈妈，是她的坚强鼓励感染了我。我更为生命而感动，因为生命的力量，让一个害怕病痛的我坚强地站起来！

健　康　烟

范露笛

众所周知，烟是"健康杀手"。吸烟不仅危害自己的身体健康，还会使周围人"被动吸烟"，损害他人健康。可是，在我们身边，仍然有很多人"明知山有虎，偏向虎山行"，为了享受吞云吐雾的快乐，完全不顾及自己和他人的感受。

为此，我潜心研究，发明了"健康烟"。它的外衣是用水果皮制成的，里面的烟丝是黑枸杞、红枣等中药材加工而成的。味道不同于普通烟，有股清新的水果味。它有无数种口味，只要你想吸什么口味，它就能立刻如你所愿，变成你想吸的味道。如果你生病了，你只需对着"健康烟"说出你得了什么病，烟丝就立刻变成既可口又能治百病的药！不仅如此，抽出来的健康烟是彩色的，会让人神清气爽，快乐无比！

"健康烟"还能让你忘忧！如果你有什么忧愁，你只要对着"健康烟"说出这件烦恼事，然后，把这支烟抽完，这件事就会忘得一干二净！

这种"健康烟"不仅大人能抽，小孩、老人也都能抽哟。它还可以帮助你补充人体所需的微量元素呢。

你们瞧，我发明的"健康烟"神奇吧！想要，请你们速来抢购哟！

读《昆虫记》有感

黄诗雨

从小我就喜欢植物、动物，尤其喜爱小昆虫。有一次我生日，妈妈给我买了一本《昆虫记》，我高兴极了！我拿起书迫不及待地打开，一页、两页……我如饥似渴地读着，连生日都忘记了。

看完了《昆虫记》，我知道了大自然的奇妙。原来昆虫世界里还有很多不可思议、令人惊讶的事。我原以为每个昆虫的妈妈都会抚养自己的孩子。没想到螳螂妈妈生完宝宝就离家出走，再也没回来。它连一次都没有回来瞅瞅自己的宝宝，真是个狠心的妈！一点责任心都没有！在生活中，要是我们的父母也像螳螂妈妈一样，那孩子没钱吃饭，没人抚养，岂不成孤儿了？所以父母们要做有责任心的父母，让孩子快乐地成长！螳螂宝宝从小就独自生活，相比之下，我每天有父母的呵护，还有其他长辈的疼爱，我的生活真是无比幸福。在这段幸福的日子里，我要好好珍惜，刻苦学习，享受生活。

我本来以为，带着美丽的光芒，在夜空中为人们带来光明的萤火虫只吃植物，没想到它却是一种残忍的昆虫。它首先找到它的食物——蜗牛，然后把它随身携带的小兵器——两颗獠牙，迅速抽出来，向蜗牛注射毒素，再用一种特殊消化液把肉液化。可见它是多么残忍啊！现实生活中，我们一定要睁开雪亮的眼睛，千万不要被美丽的外表所迷惑。

我从前觉得，蜘蛛织一个网应该很简单，可是看了《昆虫记》后，我发现织一个网谈何容易！小蜘蛛从嘴里慢慢地吐出白色的细丝，然后从墙角这边爬到墙角那边，好不容易织好第一根线。如果此时风一吹，线断了，又得重新织起来，可能不到一半线又断了。就这样一次又一次，织啊织，才有可能把一张网织出来。小蜘蛛只有不怕困难、坚持不懈、永不言弃才能织好网。在生活中，我们也要学习小蜘蛛不怕困难、坚持不懈的精神。

冲破命运的茧

——读《绿山墙的安妮》有感

江 敏

翻开《绿山墙的安妮》这本富有意义的书，贫苦间，孤儿院里一双双恐慌的眼眸诠释乏味生活中的绝望，如蜷缩在沉闷的茧中动弹不得的幼蛾。而低谷深处，一束炽热、满怀希望的光却穿透隔膜不懈地扑闪。

在爱德华王子岛的绿山墙，年事渐高的马修和玛丽拉相依为命。一次大意的口误本设想从孤儿院领养一位男孩打理农庄的兄妹二人阴差阳错地迎来了能说会道的女孩安妮。不同于其他传统的女孩，安妮独特的思想与性格给兄妹两人刻板乏味的生活注入了情趣与动力，更用快乐感染了他人。然而，伴着马修的突然去世，他们的生活陷入了困境，知恩图报、品德高尚的安妮毅然舍弃来之不易的成就与上学机会，当上附近的教师，细心照顾体弱多病的玛丽拉。

走进贫寒孤独的世界，丰富的想象力是安妮飞出牢笼、冲破惨淡命运的双翅。而一颗乐观强大的内心更是安妮走向目标与希望的支撑。面对艰苦的逆境，小小年纪的安妮已拥有强于常人的自我心态调节能力。她还有一双善于发现美、享受美的眼睛。她刻苦勤奋地学习与成长，一次次跌倒爬起，困境中满怀希望与乐观的想象，自强不息与阳光开朗感染了他人，收获了情谊。

　　生活中，成长过程里挫折重重，我们也应筑起安妮一般乐观坚固的心墙，在低谷中学会自励，尝试着用安妮的眼光与态度看待世界。一次失误，一次误解，或题目中的难题、比赛中的挫败，或朋友间的猜忌、父母的指责，性格与心态造就事情的成败。当噩耗从天而降，站在来之不易的成就与恩情之间，安妮依随自己高尚的品性与内心选择了回报不是亲人却胜似亲人般的情谊。而于温馨舒适的生活中，享受着父母亲人悉心的照料与关爱的我，愧疚之感油然而生。

　　面对惨淡的命运与贫苦的环境，乐观开朗的安妮用独特的视角看待，用不懈的努力突破，高尚的品性终能成为她有力的双翅，让她绽放光芒、暖化孤苦，飞向内心深处的归属。

坚强是勇往直前的动力

——读《笑猫日记》有感

范依晨

　　持续三四个月的时间，我们班的同学争相阅读《笑猫日记》。大家都议论纷纷，我疑惑不解："这本书真的那么好看吗？里面的内容真的那么有趣吗？"我的心痒痒了，忍不住让爸爸也给我买了一本。

　　你们知道吗？这本书的主人公是只有趣、特别的猫。你看，它会微笑、冷笑、狂笑甚至还会嘲笑……正是因为它会笑，所以大家给它取了个好听的名字——笑猫。笑猫非常勇敢、坚强。时时敢于挑战自我。正是因为这样，一个个激动人心的故事便接踵而来。瞧，虎皮猫被人类抓到钟楼敲钟，它便成了一只"敲钟猫"。日复一日，年复一年，虎皮猫的耳朵被响亮的钟声震聋了。想要治好虎皮猫的耳朵，那可不是一件容易的事呀！需要在有山蜘蛛、湖怪等可怕的怪物保护下的蓝山上采到兔耳朵草才能治好。可勇敢的笑猫不顾一切、克服重重困难采撷了兔耳朵草。但是，在笑猫睡觉时，兔耳朵草却被贪吃的兔子们给吞到肚子里去了，笑猫又伤心又生气。就在悲痛欲绝、泪如雨下的时候神仙绿毛龟出现了。绿毛龟语重心长地告诉笑猫："只要心中有爱，就一定会有奇迹出现！"于是，笑猫找到虎皮猫，每天在她身边说话。终于有一天，虎皮猫的耳朵能听见了！笑猫高兴得一蹦三尺高。最后，笑猫和虎皮猫幸福地在一起了。

　　笑猫的勇敢、不畏艰难深深地打动了我。笑猫让我知道了，不管遇到什么挫折，都要坚强勇敢地去试一试，闯一闯。我在跳舞训练时，压腿那种能让我泪流满面的疼痛，让我简直要放弃了。可是《笑猫日记》中的笑猫不畏艰难的画面在这时浮现在我脑海里，让我变得坚强起来。每当我气馁时，笑猫的勇敢坚强再一次呈现出来，我渐渐地鼓起了勇气。如今的我，已是一位七级选手了，去年还参加了省里的比赛，获得了优异的成绩。

　　在我们生活中，不可能一帆风顺，总会遇到许许多多的艰难、困苦和挫折，我们只有像笑猫那样坚强、勇敢与坚持不懈，最终才能采到最美的花儿，获得丰硕的果实。